◎ 漫漫经典情丛书·艺术卷

美轮 美奂

陈艳敏 著

天津出版传媒集团
天津教育出版社

图书在版编目（CIP）数据

漫漫经典情. 艺术卷：美轮，美奂 / 陈艳敏著. --天津：天津教育出版社，2020.1
ISBN 978-7-5309-8238-9

Ⅰ.①漫… Ⅱ.①陈… Ⅲ.①读书笔记－中国－现代 Ⅳ.①G792

中国版本图书馆CIP数据核字（2018）第300845号

漫漫经典情——艺术卷：美轮，美奂
MANMANJINGDIANQING——YISHUJUAN: MEILUN MEIHUAN

出 版 人	黄 沛
作　 者	陈艳敏
选题策划	齐 力
责任编辑	齐 力
装帧设计	郭亚非

出版发行　天津出版传媒集团
　　　　　天津教育出版社
　　　　　天津市和平区西康路35号　邮政编码　300051
　　　　　http://www.tjeph.com.cn

经　 销	新华书店
印　 刷	北京楠萍印刷有限公司
版　 次	2020年1月第1版
印　 次	2020年1月第1次印刷
规　 格	16开（787毫米×1092毫米）
字　 数	154千字
印　 张	15.5
定　 价	49.80元

书香溢远，经典常新
——"漫漫经典情"丛书自序

阅读是我生活不可缺少的一部分。安静的桌前，古老的树下，忙里偷闲的间歇，流动的舟车之上，随时随地都是阅读的好时光。边读边想边记，跨越时空与大家、圣贤作奇妙的对话，推动不曾开启的门窗，探询崭新的天地，洞见不同的境界，陷入深思或遁入回想，观照自身或打量世界，于我都是无比幸福的事。由此内心安静从容，常怀欢喜。

我并不知道那是一种怎样的驱使，每天醒来第一件事直奔书桌，伴着窗外小鸟的歌唱埋头读书，或者写字，被一种莫名的力量牵引着，激发着。包里也是常年揣着本书，茶余饭后，随时随地利用貌似不多但却常在的"零碎时间"，遨游于书本构筑的奇异世界，敞亮、开阔而又通透。

书本一页一页地翻开，文字也在一日一日地累积。承蒙天津教育出版社的美意，将其编为"漫漫经典情"系列（《哲学卷：觉知，觉醒》《自然卷：安然，安在》《艺术卷：美轮，美奂》《文学卷：且行，且歌》），如此迄今为止我个人出版的读书随笔集就有十册了。那是时间的见证、美好的回忆，也是生命的副本。与书本感应、共鸣和探讨激辩的无数个刹那，

艺术卷：美轮，美奂

唤起了自我内在生命的真实回响。我们是在读书，也是在读我们自己。我们走了很远，我们又始终不曾离开。

我所读的这些书籍，有些被称作经典，也有一些存在争议，但开卷有益，对我而言，这些作品或多或少都洋溢着经典的精神与气息。经典通常是经过了时间淘洗的传世之作，而眼下浩瀚的典籍中亦不乏经典，美好的事物都带着经典的气质。文学评论家吴义勤先生倡导"中国当代文学经典化"，他在接受《中华读书报》采访时指出，经典的产生要等待历史的淘洗，这个命题很可怀疑，由此他号召当代文艺理论家要在经典的发现和创造方面有所作为。我对这号召拳拳服膺，却自知浅陋，不可能为这伟业有什么贡献。然而作为一个阅读者，把自己读过、喜欢、有所心得的书籍列出来，和大家分享，或许会在我们呼唤经典的进程中发些微光吧？歌德在其《谈话录》中谈及阅读，并不一味地迷信经典，而是强调经典气质的同等重要。在他看来，无论你读的是什么，关键是你吸取了什么，那里面"有什么光能照亮你"。作为一名嗜书的读者，我自然也有自己心目中的经典，它超越了时间、时代、国度，以超然的视角、眼光、格局关怀着人类的命运，表达着独特的洞见，承载着世间的真善美，给人以深刻的启迪、无尽的思索，或以悲悯、素朴的情怀与情感，发现并捕捉着平凡之中的伟大与不平凡，播撒人性的光辉，呈现耀眼的光泽与质地，给人以恒久的信心、温暖和希望。"漫漫经典情"丛书致敬经典，在读物的选取上不存偏见，所选不仅有中外优秀古籍，还有现当代上乘之作，从大量作品中尽力采集光亮，吸收善美，照亮自我乃至他人的心灵，让世界更明净,让灵魂更清澈,让光和美永存人间。

阅读需要契机,时光需要浸润,这四本集子的诞生也非一日促成。机缘的巧合,时光的砥砺,生命的融入,满怀的真情与真意,伴随着读与写的从容光阴散布于生活的每一天。文学、艺术、哲学、自然,我热衷并亲近的四个领域。在书稿结集之时,相关作品自然而然地归为四个集子。

《哲学卷:觉知,觉醒》以人生、哲学思考为主题和主线,通过对老子、庄子、列子、孔子、爱比克泰德、马可·奥勒留·安东尼、西塞罗、苏格拉底、柏拉图、叔本华、列夫·托尔斯泰等中外哲学大家、思想家和优秀典籍的解读与对话,探究生命的本质,追索生命的意义,关注爱、幸福、欢乐以及生死等人生哲学问题,试图呈现不同时代、不同国度、不同民族、不同个体的哲学观念、哲学视角、人生智慧和人生角度,同时加入自身思考与体悟,探索深邃宽广的哲学世界。

《自然卷:安然,安在》以自然、生命、自我为主题和主线,通过对爱默生、梭罗、让-雅克·卢梭、亨利·贝斯顿、费伦茨·马特、玛丽·奥斯汀、玛丽·拉塞尔·米特福德、奥尔森、彼得·梅尔、乔治·吉辛、杰米娅·勒克莱齐奥、J.M.G.勒克莱齐奥、纪德、高更、赵园、鲍尔吉·原野等中外知名作家、学者、艺术家散文经典的欣赏与领略,表达对于自然、生命、自我的思考,探究人生、生命真谛,传递文化、人文之美。

《艺术卷:美轮,美奂》以艺术为主题和主线,聚焦美术、音乐、戏剧、展览等重要艺术领域的辉煌成果和优秀典籍,通过对罗曼·罗兰、罗斯金、丹纳、朱光潜、黄永玉、吴藕汀、

艺术卷：美轮，美奂

蒋勋等中外知名作家、艺术家散文经典的阅读与赏析，领略米开朗基罗、梵·高、莫奈、德加、达·芬奇、贝多芬、杜尚、达利，以及张大千、潘天寿、刘海粟、徐悲鸿、齐白石等中外艺术大师的艺术思想和艺术造诣，认识、欣赏世界优秀文化的珍贵遗存，感受丰富瑰丽的艺术魅力。

《文学卷：且行，且歌》以文学为主题和主线，通过对沈从文、汪曾祺、陈建功、王安忆、冯骥才、张炜、陈丹燕、赵园、木心、罗曼·罗兰、劳伦斯、尼采、大江健三郎、村上春树等中外知名作家、学者散文经典的感知与感悟，沉浸于文学的纯美境界。

书香溢远，经典常新。这些日复一日随手记下的心得和笔记原本是用于自己学习的，在采撷光亮、萃取精华的过程中，它潜移默化地影响我感染我滋养我，使我时时地感到生命的更新和自身的成长。今天，有机会将自己的"独家收藏"拿出来，与更多的朋友交流与分享，体验阅读之美、成长之乐，于我是一件愉快的事。开卷有益。愿您和我一样，在打开书本的刹那，或多或少能够从中受益。

陈艳敏

目　录

第一辑　无染无着真风流

> 愉悦，是一种相合相契；热爱，是一种自动寻找，而且，总能找到。让我们朝着我们欢喜的方向延伸。乐见喧嚣，乐见宁静，一切都是美景，都是最好的安排与布置。生命就是一场花开，一场自如自在的穿梭与行走。

伟大的天才，纠结的一生
　　——读罗曼·罗兰《米开朗琪罗传》　/ 3
音乐之美，人生之美
　　——读罗曼·罗兰《音乐的故事》　/ 6
天才就是天才，达·芬奇只能是达·芬奇
　　——读达·芬奇《达·芬奇艺术与生活笔记》　/ 9
为美而生，与美同在
　　——读梵·高《梵·高艺术书简》　/ 15
在痛苦中讴歌欢乐
　　——读罗曼·罗兰《贝多芬传》　/ 49

信仰是光，照亮一生
　　　　——读蒋勋《蒋勋破解米开朗基罗》／54
改天，我们相约阿姆斯特丹
　　　　——读蒋勋《蒋勋破解梵·高之美》／58
美不是膜拜，是创造
　　　　——读蒋勋《蒋勋破解莫奈之美》／64
穿越时光的等待
　　　　——读蒋勋《蒋勋破解德加之美》／69
一生充实，可以无悔
　　　　——读蒋勋《蒋勋破解达·芬奇之美》／75
原始的单纯与明亮
　　　　——读丹纳《希腊的雕塑》／79
电影勾勒出的法国本色
　　　　——读谢强、严倩虹《漫不经心的传奇——法国电影
　　　　与电影的法国》／85
诚实善意成就精彩
　　　　——读罗斯金《艺术与道德》／93
探寻艺术的本质
　　　　——读丹纳《艺术哲学》／97
穿越时空，到达永恒
　　　　——读黄永玉《沿着塞纳河到翡冷翠》／111
八日，速写威尼斯
　　　　——读李黎《威尼斯画记》／118

颠覆的世界，峥嵘的天空
　　——读玛丽·安·考斯《达利评传》／120
无染无着真风流
　　——读卡巴纳《杜尚访谈录》／125
让个性托起艺术史
　　——读王瑞芸《美国艺术史话》／133

第二辑　一笔一画见性情

　　　　大家之所以成为大家一定是有缘由的。要有天赋的才华、深厚的修养、高超的技能，还要有宽广的胸怀、阔大的视野、宏大的格局、超然的气象、高尚的品格；要兼收并蓄，又要保有自我、遗世独立；要悉心模仿，又要果敢超越。

清茶尺笺论艺事
　　——读吴藕汀《药窗杂谈》／141
细致入微的传授
　　——读李永翘《张大千艺术随笔》／151
不为高飞格自高
　　——读徐建融《潘天寿艺术随笔》／154
一画之法，乃自我立
　　——读沈虎《刘海粟艺术随笔》／158

美术，人类精神之奢侈
　　——读徐悲鸿《悲鸿随笔》　/ 163
寂寞之道，磊落一生
　　——读齐白石《余语往事——齐白石自述》　/ 166

第三辑　美在生活，以心相许

　　　　当历经了百年，当艺术家早已离我们而去，当他的作品依然带着澎湃的呼吸与我们作着跨越时空的感应与对话，并激起生命深处亘古常新的能量，难道我们不该赞美与致敬么？

悲悯情怀，朽者不朽
　　——观"朽者不朽：中国画走向现代的先行者陈师曾诞辰140周年特展"　/ 175
俯仰天地，寄情山水
　　——观"沧海一粟：刘海粟艺术展"　/ 178
美在生活，以心相许
　　——观"美在生活——全国写生艺术展"　/ 182
春风又绿江南岸
　　——观苏天赐艺术展《春风又绿》　/ 187
美，在一份"也许"中
　　——观"波折——叶城咏绘画作品展"　/ 191

目 录

跨越时空的感应与对话
　　——观"永远的思想者——罗丹雕塑回顾展" / 194
平凡片断中的无尽诗意
　　——观"伏尔加河回响——特列恰科夫大画廊藏
　　　巡回画派精品展" / 199
视觉的盛宴，美的熏染
　　——观"英国美术 300 年"画展 / 203
道法自然
　　——观大都会艺术博物馆精品展 / 205
是英雄，也可能是恶魔
　　——话剧《兰陵王》观后 / 208
爱是什么
　　——话剧《恋爱的犀牛》观后 / 211
燃烧的梵·高
　　——话剧《燃烧的梵·高》观后 / 218
唯愿时光长久
　　——观《偷心》剧本朗读会 / 222
中国画的传承与创新
　　——由一场关于绘画的讨论想到的 / 228

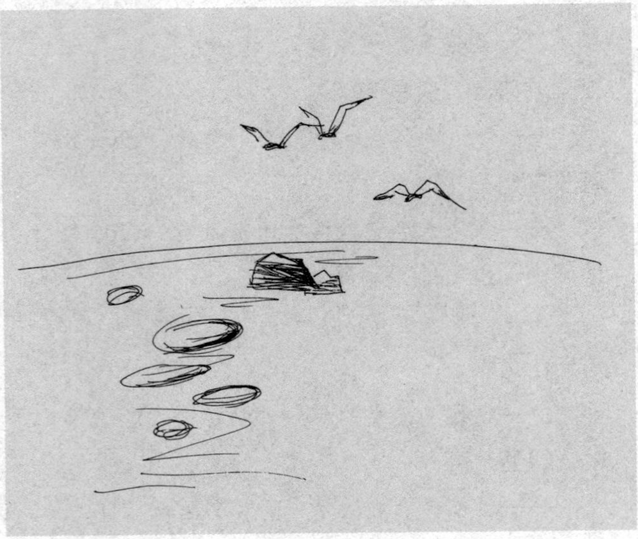

第一辑

无染无着真风流

愉悦，是一种相合相契；热爱，是一种自动寻找，而且，总能找到。让我们朝着我们欢喜的方向延伸。乐见喧嚣，乐见宁静，一切都是美景，都是最好的安排与布置。生命就是一场花开，一场自如自在的穿梭与行走。

伟大的天才，纠结的一生
——读罗曼·罗兰《米开朗琪罗[①]传》

学者陈传席先生说："古今中外天才十之八九皆疯狂、痴癫。"米开朗琪罗的疯狂和痴癫不亚于梵·高，但米开朗琪罗的疯狂和痴癫不同于梵·高的疯狂和痴癫。

米开朗琪罗的一生是无尽痛苦的一生，他的痛苦是自造的，但他无法摆脱；他爱着周遭的世界，而他又使周遭的世界敌对他；他爱着身边的人们，而他又使身边的人们成为他的仇敌；他并不贫穷，但他过着比穷人还穷困的生活；他有伟大的理想和计划，但他又不得不为一个又一个"主人"——教皇、君主做一件又一件迫不得已的工作；他期待爱情，但爱情几乎没有一天与他有缘。他的作品中，有着雄伟的力，却无柔软的

[①] 编者注：米开朗琪罗现多译为"米开朗基罗"，此处遵从傅雷所译《米开朗琪罗传》的译法。后文若无特别说明，均采用通常译法"米开朗基罗"。

爱。拉斐尔、达·芬奇都在他敌对的阵营里，他的对手布拉曼特更是陷害他，使他陷入窘境，他最好的异性朋友维多利亚曾给予过他短暂的照拂，但他把那情感只写进他的十四行诗，在雕塑中，在绘画中，他只展示雄伟的一面。他的性格当中，永远充斥着矛盾的两个面相，使他终生不得安宁。他被痛苦纠缠，他甚至由此爱上了痛苦，说"我的欢乐就是悲哀"。这一切由他自造着，似乎又无法由他把控，命运将他推向一个又一个的苦难和捉弄的瞬间，他在痛苦中捱熬着，他夜以继日地工作，他的天才，却被淹没在那一件件被迫而作的作品中。艺术给他带来荣光，却没有给他带来欢乐，因为他说："既非绘画，也非雕塑能够抚慰我的灵魂。"

而梵·高不同。梵·高贫苦，但他的基调是明亮的，他的绘画将他带向光明。他在画布上倾注的是内心无尽的美、欢乐与热爱，是心中流淌的诗和音乐。在画中，他平静而又愉悦，这一切盖过了他的悲苦，使他的穷困微不足道。他被美包围着，他心中展示的是完全不同的一个明丽灿烂的世界，一个耀眼的世界。

在欧洲，在罗马，在翡冷翠①，米开朗琪罗的存在太过熟悉，似乎随处都能听到他的名字，似乎随处都能看到他的痕迹，似乎他的灵魂已经散布在意大利的每一个角落，驻留在千千万万意大利人的心中。而这样一个伟大的人，怎么可以

---

① 编者注：翡冷翠现多译为"佛罗伦萨"。

度过如此黯淡、如此备受折磨的一生呢？我们能够为他做些什么呢？怀着悲悯，罗曼·罗兰在这本《米开朗琪罗传》中说："同情，我们不要和他斤斤较量了吧。他一生所希望而没有获得的这爱情，我们给了他吧。他尝到一个人可能受到的一切苦难。他目击他的故乡沦陷。他目击意大利沦于野蛮民族之手。他目击自由之消灭。他眼见他所爱的人一个一个地逝世。他眼见艺术上的光明，一点一点地熄灭。"然而，谁也给予不了他，谁也挽救不了他。

在梅迪契家庙中的圣母像画稿旁边，他写下："太阳的光芒耀射着世界，而我却独自在阴暗中煎熬。人皆欢乐，而我，倒在地下，浸在痛苦中，呻吟，嚎哭。"

米开朗琪罗的一生是令人同情的真正不幸的一生，他几乎没有品尝过欢乐的味道，他恋着黑夜，在身心的纠结中度过灰暗的一生。这个曾经想要雕塑整个山头的艺术家，时刻被不济的命运牵制着，他的能量无法释放到极致。今天，我们看到的那些留有他气息的传世的作品，或许才挥发了他天才的万分之一。

（《米开朗琪罗传》，罗曼·罗兰著，傅雷译，华文出版社，2013年1月第1版第1次印刷）

2014年9月16日

音乐之美,人生之美
——读罗曼·罗兰《音乐的故事》

这书读得如此愉悦,以至于对西方古典音乐并无研究的我津津有味地读了下来,这个过程充满了美感。我不知道究竟是音乐吸引了我,还是流畅的文学之美吸引了我,抑或吸引我的,自始至终只是一种形式美,然而无所谓,我并非为了阅读而阅读。

大文豪罗曼·罗兰在书中介绍了18世纪"古典"风格的起源,18世纪德国音乐和意大利音乐,同时介绍了吕利、亨德尔、莫扎特、柏辽兹、施特劳斯、德彪西等十三位欧洲音乐大师,那不是学究般的呆板介绍,而是充满了灵性和热爱,带着体温融入自我,有着生命律动和心灵共振的介绍。我想,这或许也是吸引我愉悦读下来的原因之一。

无疑文豪本身首先有着深厚的音乐修养,对音乐有着深入骨髓的由衷热爱,不仅如此,在古典音乐方面还有着很深的造诣。这书首先是怀着饱满的情感写就,那情感在阅读时扑面

第一辑 无染无着真风流

而来。是的，所有的写作都不只是写作，真的写作就像真的艺术，是超越目的，超越企图，超越形式和表象由衷而发，不得不为的。也许，彼时写着的他内心更为愉悦吧。而作者与读者达成如此顺畅的沟通，原本是多么幸福的一件事！

一个作家，务须要有宽广的理解力和深入的同理心，要有敏锐的洞察力、感悟力，还要有深切的同情和悲悯心，罗曼·罗兰即是如此。他写的每一位音乐家都是多面和立体的，从音乐到生活，从外表到心灵。他接纳了每一位天才哪怕不被理解的独特个性，将他们的作品放在几个世纪的开阔背景中去比照，放在群星灿烂、大师辈出的时代去比照，给予专业、独到而又令人信服的评判。然而，他的评判依然超脱了音乐，超脱了评判本身，站在人性的高度去观察、思索和体悟，在阴暗抑或明快、欢乐抑或忧郁的底色中发掘美，使他的作品带上了震撼人心的厚重的力量。

显然在书里我读到的不仅仅是音乐，虽然那无以阻挡的音乐和艺术氛围强烈吸引了我。

而谈及音乐，谈及大师，无论是讨厌一切束缚、对别人授予他牛津大学博士头衔耿耿于怀、将穷困潦倒时的义演看作"时髦的变相要饭"的亨德尔，"能巧用自己高傲的天才去克服世俗的弊病，而又不会伤及自身"的莫扎特，还是一切只能服从于内心世界、雕塑家般男性十足的贝多芬，都充满了十足的个性魅力。艺术的性情即是真实的性情。而天才，就是拥有难以遏制的真性情，它本能地流淌在艺术家的血液里。如罗

艺术卷：美轮，美奂

曼·罗兰所说："每一位真正的艺术家都在潜意识里有股梦的洪流，虽然它们呈散漫或间歇状。"又如他谈到的莫扎特："作曲对他的健康如同吃饭喝水睡觉一样重要。这是一种需要，一种必须——一种快乐的需求，因为它能持续地满足他。"

我有深切的同感。

而一个拥有天赋的写作者，何尝不是无视外围直指核心的、超脱的写作者呢？谈到吕利时，罗曼·罗兰说："他的复杂多样的灵感没有只局限于一个理想，这是法国的荣耀；因为重要的并不是这一理想应该是我们法国的，而是这一理想应该是崇高伟大的。"一个伟大的写作者和一个伟大的艺术家一样，在内心的深处，必然有着坚定的信仰之光，它本能地超脱了一切障碍，并自然而然地成就了伟大。而一切，都值得赞美和颂扬。

罗曼·罗兰的音乐故事太美，我无法一一摘抄和赘述了。最后，我还要提下书的译者，该书之所以能够被我如此流畅无碍地读下来并获得无尽的享受，与同样拥有音乐和文学造诣的译者密不可分。该书译者冷杉、代红，在此向他们致敬，他们的翻译堪称完美。

（《音乐的故事》，罗曼·罗兰著，冷杉、代红译，江苏文艺出版社，2013年8月第1版第1次印刷）

2015年4月6日

天才就是天才，达·芬奇只能是达·芬奇

——读达·芬奇《达·芬奇艺术与生活笔记》

黄永玉在他的《沿着塞纳河到翡冷翠》一书中称文艺复兴三巨头里只有达·芬奇是天才，是"自有绘画以来毫无怀疑的全世界'第一好'的画家"，"具备了一切人的完美实质"。天才自有天才的特质，这本《达·芬奇艺术与生活笔记》里的达·芬奇睿智机警，所记虽然零碎，但却透着艺术家逼人的坚定和执着。

在一切艺术之中，他坚信绘画是最完美最高贵的艺术。他用科学的可以证实的方法不遗余力地去证明诗歌不如绘画，音乐不如绘画，雕塑不如绘画，哲学不如绘画，连他敬仰的数学也不如绘画。数学可以传授，文学可以复制，音乐无法驻留，唯有绘画"独守高贵之身"，"对绘画横加指责者都是些没眼光的人"。他捍卫绘画，反击外界对于绘画的一切攻击。诗人称绘画是哑了的诗歌，他就反唇相讥说诗歌是瞎了的绘画。而两相对比，因视觉在他看来是第一重要第一高贵的感

觉,听觉次之,他证明绘画优于诗歌。在他看来,诗人总要借助其他科学来表达自己,"无非是货品的搬运工",而其他科学却需要绘画。因此,"绘画科学的精髓遍及所有作品、人以及神明",必然高出一等。"绘画必然居于其他各类艺术之上,因为它包含了自然存在和不存在的各种形态,与只涉及声音的音乐相比,它理应享受更多的荣耀和赞美。"

他在书中常以自问自答的方式假想两派的对话,"诗人的回答是……","我们的回答是……","如果你们说"绘画怎么怎么样,那音乐同样怎么怎么样,"如果你们说"雕塑怎么怎么样,那么绘画同样怎么怎么样,而绘画更优于音乐和雕塑,具备二者不具备的诸多优势。他罗列了雕塑的无色彩、无纵深感、"糟蹋大理石"、创作范围狭窄等诸多"与生俱来的劣势",来证明"在才能、艺术技巧及原理方面,雕塑根本无法与绘画媲美","雕塑轻而易举证明了绘画是一件非凡的事情"。

这捍卫是感人的,只有深爱,方能如此。

在他谈及"哑了的诗歌"和"瞎了的绘画"时,我曾联想到中国人的伟大创造——中国画,中国画的题款将诗人的情思和画家的视觉美感巧妙地融合在一起,是否可以解决达·芬奇时代的困惑和辩争呢?

当然这是题外话。大师之所以成为大师,一定是有着别人无法模仿和追随的特质。达·芬奇自信在解剖学、透视学、几何学、绘画技法乃至耐心和勤奋方面都表现出不凡之举。在论解剖时,他说:"我身上是否具备这些品质,我所创作的

120幅草图自会作出裁断。既非贪得无厌，也非疏忽大意，只是时间会阻止我在这些方面的进展。再见吧。"我禁不住在旁边批注：人生有限，真该给他延长生命。老天给予他与常人一样的生命长度真是有负于他。如译者所说：他渴望超越自我，获得普遍知识的热切期盼刺激着他，使他不断求索，近乎无所不能。然而，他也知道无限是不可能获得的，"因为如果可能的话，它就变成有限了"。他注重科学和技巧，信赖经验和证明，但却不为技巧羁绊，他说："卓越的艺术家不会竭力追求技巧的花哨，而更注重学问的精深，他不会让贪婪盖过荣耀。"

这是在他取得举世瞩目的外部荣耀之前的内在荣耀。达·芬奇，就是为了绘画而生，为了荣耀而生。

在书中，他给学画的年轻人以有益的建议，而他的建议又不是一般的年轻人能够轻易做到的。针对研习过程，他说："年轻人应当首先学习透视法，然后是具体物体的测量法；再接下来，他应当效仿一些出色的大师，将优秀绘画的风格烂熟于心，然后效法自然，确认自己所学的理论；然后他应当对各类大师的作品研习一段时间，最后才是进行不断实践，创作自己的艺术作品。"他又说："数学，诸如那些与绘画息息相关的数学，是画家必不可少的，同时，与画家的研究格格不入的同伴应拒之门外：他的大脑必须什么都玩得转，对所遇到的各种物体都敏感，并且不能分心……他的头脑应该像镜面，所反映的物体有多少颜色，就应该呈现多少颜色；他的同伴应该采

艺术卷：美轮，美奂

用同样的研究方式，如果找不到这样的同伴，那他应当离群索居，独自思索。"看到这里，我的头脑里冒出一句话：您以为所有人都像您一样具有天才的头脑吗？

　　他告诫画家要师法自然，除了感知自然并把它存于头脑中，别无他途，这和中国画的强调写生是无二致的。正如世界上没有两片相同的树叶，他强调事物的千差万别和多样性，强调画家的观察要细致入微。这方面他的记录是详细的，比如人物的画像和描绘要获得富有表现力的效果，就要以一种"观者易于辨识他们内心意图的方式呈现"，要深入人物的心灵，而该意图借由他们的姿势表现。对于老男人，他说应该描绘他们无精打采的迟缓举止，他们站定时，膝盖却还直不起来，他们双脚岔开，驼着背，头向前倾，手臂只能微微伸展；对于小孩子，要描绘他们坐着的时候扭来扭去，一刻不得消停，站立时，显得腼腆而局促不安，等等。对于景物的表现，他也列举了具体的方法，比如写到对夜晚的描绘要借助火，"最接近火的物体可能会染上火的颜色，因为最接近火的物体会最大限度地融入火的本性之中……朦胧夜色之下，显得昏暗，绯红火光之下，则显得明亮，在一旁的人则半是黑暗半是泛红，那些火边上的人，清晰可见，完全被火光照亮，与黑色背景形成对照。至于他们的动作，那些靠近火的人会用双手和外衣遮盖自己，以避开灼人的热，他们偏过脸去，仿佛像要逃跑一样；而那些离火较远的人呢……"他的叙述很有画面感，今天的画家和学画的年轻人读一读也必定会很受益。

第一辑　无染无着真风流

　　崇尚科学的他，在科学方面也给了我们很多的启发，而在科学之中，他又独尊数学。他说："不经过数学论证，人的任何经验都无法被称之为真正的科学。"甚至连鸟都是"一种按照数学定律运转的器具"。同时他又向世人抛了一把解读他作品的钥匙，他说："不是数学家，读不懂我作品中的原理。"
　　他涉及科学的论述充满了哲理和启示。当他谈到运动是万物之母时说，空气像是一口井，重物掉进这口井，就会在这口井的中间保持静止，如果推动它的力量非常强的话，那可能需要好几百年才能让它静止下来，我联想到人与人的关系和互动，以及缘分亦是如此；当他说到"所有离开他们天然场所的要素都希望回到原初之地"，我联想到：人亦如此，需要回归，必将回归，返璞归真；当他谈及月球有其自身特性，"仍然是它所包含的要素水、气和火的中心，就像地球容纳它的元素，成为空间的一部分，并保持自身所在的位置一样"时，我联想到人也有成为自己的独特的内核和特性；当他说到"地球一直像月球一样发光，但随着水元素的减少，地球已经失去了原来拥有的很大一部分光辉"时，我联想到今天地球和环境面临的日益严重的危机；当他说虚无只存在于时间和言辞中，"在时间上，虚无居于过去与未来，而一点都不居于现在，究其本质，它归属于那些不可能的事物"时，我联想到活在当下，唯有当下具体可触，真实不虚……
　　这是一个太过睿智的头脑，他试图证明世间的所有事，包括精神是否有形，虚无是否存在，在证明精神是与身体结合

· 13 ·

艺术卷：美轮，美奂

的力量时，在那些复杂的逻辑和推理过程中我被绕晕了，我被他的科学精神折服了，只在旁边空白处留下一行字："据说逻辑的头脑是聪明的头脑。"面对他的聪明，我只有敬佩的份儿。

　　书中还有很多有意思的论证，给予我们个性的感染和职业的启发，告诉我们达·芬奇只能是达·芬奇，天才只能是天才。如果你是一个美院的学生，或是一个艺术爱好者，买来读吧。

（《达·芬奇艺术与生活笔记》，达·芬奇著，戴专译，光明日报出版社，2012年4月第1版第1次印刷）

2015年1月20日

为美而生，与美同在
——读梵·高《梵·高艺术书简》

又是深秋银杏树变黄的日子了，那种勃发着生命的、热烈、执着而又绚烂的颜色与梵·高画布上的黄色多么接近！而在这个深秋的日子里，我怀着某种崇敬和热爱沉湎在梵·高的书信中，带着闪烁的灵性，带着温热的呼吸。

我几乎在他的每一封书信中都情不自禁地画了线，圈出我喜爱的句子以及能够找到某种根源的东西、某种鲜活的细节，一种遥远的联想，或者某种莫名的联系。

而当这些书信带着艺术家的虔诚一股脑呈现在我眼前的时候，我还是被他的丰富惊呆了——在这里我看到的梵·高不只是画向日葵的梵·高——我不知道向日葵究竟使他的艺术走向了巅峰还是走向了终结，但我看到，向日葵仅仅是他生命的一部分。

是的，梵·高贫穷、敏感、执着、勤奋，同时也快乐、正直、悲悯，复杂的性格中或许还夹杂着一点神经质，他被美感召，激动而又平静，热烈而又孤独，然而任何一个单一的向度，都无法准确地概括梵·高。

一、向日葵，不是全部

许多年前，是《向日葵》的那一片狂热、绚烂而又执着的色彩将我引向梵·高。

我在1998年9月24日的日记中写道："曾经一度喜欢梵·高，喜欢他的作品，喜欢他的作品中散发着阳光的颜色，喜欢温暖，喜欢温暖而又热烈的色调，那其中似乎渗透着渴望，生命有时候像无数只眼睛，在无可交流中同自己交流。"

"在这种颜色中，他体会到的是按捺不住的热情，还是隐含于深处的孤独和凄冷，人们无从知道。"

似乎，那是一种遥远的呼应。

他在给高更的信中说："如果说金宁（梵·高的朋友）更擅长牡丹、蜀葵的话，那我一定比其他人更擅长向日葵。"向日葵代表他的最高成就，他无法不被那种热烈的颜色吸引，他是于绘画向日葵的巅峰时刻走向死亡的。

然而向日葵并非他的全部，在他仅有的十年艺术生涯当中，至少有五年是沉浸在《播种者》《织布工》和《吃马铃薯的人》的幽暗的色调里，他要画出乡村泥土的气息，而只有这些才能和谐地融入其中。

他对贫苦人怀有特殊的感情。

在艾尔沃思，他写信给他的弟弟提奥："秋天的傍晚，在栗树环绕下，巴黎圣母院显得如此壮丽。但是在巴黎，还有比秋天和教堂更美之处，那就是穷人，我时常这样想。"

"亲爱的兄弟，我以一种静谧的心情保留这些美丽的作品，因为虽然离创作完美作品的境界还很远，我还是在墙上悬挂了我的几幅画着老农夫的习作，这些作品足以证明我对那些艺术家的一片热忱并非没有收获，我努力创作一些属于自己的写实但带有感情的作品。"

也许，艺术就应该带有内在的宗教般的虔诚，而写实的东西或许才能将这种虔诚表达到极致。1881年1月，梵·高在布鲁塞尔写信给提奥："我非常喜欢风景画，但与之相比，我十倍地喜欢那些源于生活的习作，一些令人震惊的现实主义的东西。"他对弟弟说，"相信我，对艺术品而言，诚实是最好的策略。"

"描画休息中的人物总是非常诱人的事。但表现动态十分困难。而前者于许多人眼里所造成的效果，比任何东西都更'愉悦'。然而这'愉悦'的一面，岂能减轻生活中的忙碌辛苦多于安逸、休息的真相。所以你了解到我对所有一切的理念——对我来说，就是努力画出真实。""一个人不必完全同意那种表达宗教情操的方式，但如果是出自诚恳的感受，倒是值得尊敬的。"

"我努力创作一些属于自己的写实但带有感情的作品。"的确，他的《饭前祈祷》《抽烟斗的老人》《悲伤的妇女》，乃至农夫的破鞋子,在写实之中无一不带着感情。

他给提奥的信中说:"当我在吉丝物街上、在石南丛中、在沙丘上作画之时,我是个全然不同的人。此时,我丑陋的脸、破旧的外套和周遭的环境非常和谐,我才成为自己并快乐地工作。"

"穿着打着补丁的厚粗棉布衣,秃着头,多美的老工人啊!"

"我经常在施粥所、三等候车室等这些地方画。但是外面严寒至极,特别是对我来说尤甚,因为我不能像高手一样快速地画完,并且如果有用的话,我会画得更细致一些。"施粥所、三等候车室,都是贫穷的下等人待的地方。

当他来到海牙,他依然对弟弟说:"不瞒你说,我永恒地思念石南树丛和松林,还有别具一格的人物——一个收集柴火的可怜的小妇人,一个掘土的贫苦农夫,那些流露出海洋般雄伟气质的纯朴的事物。"

1885年1月20日他写信给提奥:"外面阴沉沉的,田野是黑泥巴和白雪掺混而成的一堆东西,白天的多半时间,雾霭笼罩或阴雨泥泞,黄昏能看见红太阳,早晨可见乌鸦和枯败的草和凋零的落叶,灌木灰暗,杨树和柳树的枝干在阴沉沉的天空之下,僵直得像铁线。这是我踯躅户外见到的景象,与无光的冬日的室内气氛相当协调。同时也与农夫和织布工的容颜相协调。我没有听到后者的抱怨,但他们面临艰苦的一季。"

他就是这样怀着悲悯的情感在作画,在阴暗的调子里捕捉美。"穿着厚粗棉衣在田野工作的农夫,比其在星期天穿着绅士服上教堂,更具独特气质。"

"绘画农民生活是一件庄严的事,如果我不努力画出一些能在认真看待艺术和生命的人身上激发庄严思想的作品,我会责怪自己。"

他是一个感性的画家,正如所有的艺术都需要感性的滋养,天才的艺术家更无法脱离情感。友人的去世也会在他的作品中留下印记。1888年4月9日他在给提奥的信中谈到他正在画的花园:"莫夫的去世对我来说是个可怕的打击。你会发现粉色的桃树是带着一些痛苦所画的。"有了这个背景,再看他的作品,一定会有不一样的感受。

直到他来到法国南部的阿尔,他才逐渐地被热带丰富的色彩感染,油画也逐渐地变得明朗起来。

1888年4月9日他对提奥说:"一个人无法同时置身于两极与赤道。他必须选择一条路;我选的或许是色彩。"

1888年10月,在他的极力邀请下,高更来到他在阿尔的画室和他一起工作,后来由于个性不同两人不欢而散。但现实中的分离并没有影响梵·高对高更的倾慕与怀念。

两年后他在给阿尔伯特的信中说:"高更是一个很好的艺术家,一个怪人,他的外貌与眼光令人模糊地想起拉卡兹画廊收藏的伦勃朗画的《男人像》——这个朋友喜欢教你懂得好画与善事是有同等价值的,他当然不直接这么说,然而,与他来往时从来不能不使人感到,艺术家负有某种道德的责任。我们分手后疾病迫使我入院治疗的前几天,我想画他的'空的椅子'。"

他画了,正如他在信中所说:"这幅写生画中画着他那有淡绿色草垫的棕红色木安乐椅,没有了高更的椅子上点着蜡烛,并放着几本当代的长篇小说……"

再看这把《高更的椅子》,似乎被一片幽幽的深情渲染……

同时画家又是宽容的,当他与高更分开,对高更的有些行为感到不解时,他依然在信中对哥哥说道:"不过,他……让他做任何他想做的,让他有自己的独立性。"

并且他写信给高更:"尽管如此,我仍然希望我们俩可以尽可能地互相欣赏,如果需要,可以重新开始。"

今天,人们熟知他的向日葵,但却不知向日葵并非他的全部。正如他给妹妹威廉明娜的信中所说:"我认为在美术中鲜活并且永存的,首先是画家,其次才是作品。"

二、为美而生,与美同在

他对一切的美都保持着原始的冲动和热情,并随时被眼前的景象震撼,梵·高就是为美而生,与美同在。

在伦敦,他写信给弟弟提奥:"我已经找到一处满意的住所,而且发现看一看伦敦人的生活方式以及英国人,十分有意思。我还会欣赏大自然、艺术、诗歌。如果这些还不够,那还要怎样呢?"

"伦敦的郊区有一种独特的魅力,小住宅和小花园之间,点缀着草地,通常还有教堂或学校或贫民习艺所夹杂在乔木和灌木丛之间。太阳在傍晚的薄雾中透出红色的时候,这里是如此的美。""每个人都在回家的路上,每样事物都有周末夜晚的味道,喧嚣之中出现了安宁祥和。"

他现场作画,保持生活中"那一刻"的直觉。而这种对生活的热爱并非始于他学习绘画。1874年在伦敦,当他还未正式走向绘画道路的时候,他就写信给他的弟弟:"尽量多出去走走,保持你对大自然的爱,因为这是越来越深刻地理解艺术的正确道路。"

在巴黎,他对弟弟说:"你会在旅途中看到美好的东西的,虽然对大自然的热爱不代表一切,但这始终是可贵的,我们应该永远保持这份情感。"

当他来到法国南部,他被那里的阳光和色彩感染,画逐渐变得明朗,色彩日益丰富。他被周遭的美所震撼,他将它们画下来的同时,也写成文字寄给弟弟。

"石南树丛生的荒野之中点缀着零星的小屋,公鸡在小屋的周围啼鸣,我们途径的小屋被细瘦的杨树包围,仿佛能听见落叶的声音,以土墙和山毛榉为篱的墓园中有一座矮胖的古塔。石南树丛生的荒野和麦田之平远景致,其平静、神秘、安宁,唯有柯罗才能画得出来。"

"阿尔的乡村景色一片平远。我看到一片广袤的种有葡萄藤的红色土地，背景的山脉为最柔和的紫色。还有雪景，雪白一片映衬着散发着和雪一样光辉的天空，就像日本人笔下的冬日风景画。"

他在致贝尔纳的信中说："你会理解南方的风景无法用紫色的色调绘出……但是现在色调明显地多彩起来，天蓝、橘色、粉红、朱红、明黄、鲜绿、明亮的酒红色、紫色。""但是加强所有的色彩能够再次获得安宁与和谐。""当我为阳光和色彩效果做选择的时候，没有什么能阻止我这样想：将来会有许多画家跑到热带国土上去画画，你想象一下，这会是一场绘画的革命。"

他对妹妹说："太阳的能量巨大，像是硫黄，光芒四射，怒蓝的天空——有时候这里色彩丰富得就像荷兰总是阴沉一样。""很可惜不是每个人都见到过这两种极端。"

"羊群在霞光中归返家园的景象，是我昨日所听到的交响乐的最后乐章。一天像一场梦一样过去了，我还如此沉醉于动人的音乐里，以至于全然忘记了饮食——在绘画过手纺车的那家小客栈里，我吃了一个面包，喝了一杯咖啡。从黎明到日落，更确切地说，从一个晚上到另一个晚上，我已经迷失在那首交响乐中。回到家来，坐在火边，我觉得饿了——是的，非常饥饿。"

在他的眼里，无处不在闪烁着美的亮光。播种者，悲伤的女人，秃头的老工人，纽恩南的田野，农夫的破鞋子，阿尔绚丽的色调，他尽可能发现美。

是的,那是一种天赋的直觉。与其说刻意追寻,不如说源乎本性。

画家似乎对自己的天性有所察觉,他对妹妹说:"已经形成的喜好也不一定一成不变,能够有直觉就好,直觉是很伟大的,事实上并不是每个人都拥有直觉。"

他终日不停地画画,有时候忘记了自己,忘记了其他,只沉浸在绘画的喜悦中。

虽然梵·高一生都在贫困中挣扎,朝不保夕,也得不到社会的肯定,但谁说画家又是痛苦和悲哀的呢?

"我虽然经常处在痛苦的深渊,但内心深处仍有宁静、纯粹的和谐,以及音乐。在最穷困的小屋,在最肮脏的角落里,我看到素描和图画,我的心灵将被一股无法抗拒的力量引向这些事物。其他的事物渐渐对我失效,它们使我的视线越来越快地落于那些如画的事物上。"

他写信给弟弟:"正如你猜想的,绘画于我,似乎并不如你想象的那样不寻常,相反,我非常喜欢绘画,因为这是一种非常强烈的表达方式。""如果我再次写信给你,不见怪——只是告诉你,这样画画让我充满喜悦。"

在致拉帕德的信中,他说:"油画会如此让我产生共鸣,如果让我永远都不能画油画,那太痛苦了。""那比画水彩更有气概,更富诗意。"

他手中的画布、颜料,以及心中暗自流淌的诗和音乐成就了他,仅从这个意义上,梵·高也是高贵的。

艺术卷：美轮，美奂

更何况他的美，被内在深沉、真挚的情感牢固地滋养着。他执着，他悲悯，他同情，他热爱，他享受他绘画的一切过程。在他看来："一个想画肖像的人必须首先对人亲善，富有同情心，否则绘画的过程会乏味冷淡。""我并没有任何确切的计划，因为我认为画画的过程更有意思。"

谈到《晒鱼的谷仓》，他对弟弟按捺不住内心的喜悦："我希望你喜欢这幅素描：遥远的地平线，越过村庄屋顶和小教堂尖塔的景色，海边沙丘，一切如此美丽。无法告诉你，我以何等愉悦的心情来描画它。"

冥冥之中，他被美感召着。这是上帝丰厚的赐予。

其实不光是绘画，他在文学、音乐乃至琐碎的生活中皆能迅速地捕捉美。

在跟弟弟提到《悲惨世界》时，他说："我觉得，值得再读此书的理由是保持某些感情的鲜活性，尤其是对于人性的热爱以及对于高贵事物的信仰和感知。""今天下午的好几个小时，我都沉迷于此书中。走进画室时，已日薄西山。由窗口望向宽广黑暗的前景——掘过土的花园和深色调的、有温暖黑土的田野。斜对面是一条泛黄的沙土小径，两旁是如茵绿草和细瘦的白杨树。背景是一个城市的灰色剪影，隐约可见车站的圆形屋顶、塔尖和烟囱。红色的太阳挂在正上方几近水平线之外。这景色像煞雨果的一页文字。"而在我读来，这景色又是多么像他的一幅油画！事实也是如此，他的确常常用这样的文字向他的弟弟描述自己的作品。

他问弟弟:"你读过美国诗人惠特曼写的诗么?……他的诗会让你露出笑容,所有的诗都是如此的坦诚、纯洁,会让你深入其境。"

有时候他会感慨:"一个人能够发现多少美?"

1883年9月4日,他写信给弟弟:"接到你的信时,我刚从洛斯德伊嫩后面的沙丘回到家里,全身湿透了,因为我在雨中坐了大概三个小时,那些景色能让人怀念起吕斯达尔、杜比尼或者朱尔斯·杜普雷。我画了缠扭的、有节瘤的小树,还画了雨后的农场景色。一切都是古铜色的。唯有在每年的此时的大自然,或是杜普雷的某些画作中,才能看到这一切。美得令人难以想象。"

在阿尔,他写信对弟弟说:"一天晚上,我沿着寂寥的海边散步,感受既不快乐也不哀伤,而是纯粹的美。"

在给高更的信中,他表明:"我忽略一些外在美的事物,不能对其进行再创作,会将其画得丑陋粗俗,即使大自然看起来那么适合我。"

因此,画家一直在强调绘画的"灵魂"。

1878年在阿姆斯特丹,他在给提奥的信中说:"我一点也不喜欢杰洛姆画中的人物。我在这个人物身上找不到灵性的印记。""动物也有那样的躯体,或许比人类的更美,但是伊瑟列斯、米勒或者菲尔,他们画出了人物深处的灵魂,这种灵魂是动物们从来没有的。"而他对米勒,始终崇敬有加,米勒对他的影响贯穿其一生。

对于梅龙的作品，他说："这一幅，即使梅龙画砖、花岗岩、铁架桥的扶手，他也在其中融入了人类的灵魂，人们会被其内部莫名的悲伤所感动。""他的作品中有人类的灵魂，这也是他伟大、无限的原因所在。"

"对于自己的工作，光是思考和观察还是不够的，我们需要安慰、祝福和一种更强大的力量来指导，渴望灵魂根据一定的经验和认识在光明里升华，这对任何人都很重要。"

他对美的感悟和捕捉，正是来自灵魂深处的情感。他的每一幅作品，其实都在撼动着他自己。因此对于自己的作品，不管世人承认与否，他都非常珍爱。

借助灵感，梵·高似乎发现了自己的使命，他说："看，在未来的很长一段时间里，我可能会成为献身于一个时代的画家。"一个被美引诱的，内心流淌着诗和音乐的高贵画家！

三、"以平静的喜悦沉浸在绘画中"

1881年1月，在布鲁塞尔，梵·高写信给弟弟提奥："我必须告诉你我开始画画了，我并不打算放弃它，所以这是我首选的道路。不仅仅是因生活需要而根据绘画技巧画人物和风景，而且也画依据文学、地貌等因素的深厚作品，这很难达到。"

他向弟弟描述自己的工作状态："最近我忙于画画，画了许多作品，而且我为画出的东西而高兴。"

而在此之前的 1880 年，甚至更早，他就已经开始在画画了。1880 年在奎姆，他写信给提奥："前两个星期我一直从早到晚地画，我每天看起来精力充沛，事实上依旧充满渴望，我正在复制《田野》，我正在忙于画《剪羊毛的人》。"

1882 年 9 月，梵·高来到纽恩南，直到 1883 年的夏季，他一直在海牙。正如译者所言："海牙的各个角落都留下了他写生的足迹。一片海滩、一丛树、一张破渔网、一个割草的人，都能令梵·高发现美。"而梵·高在写给弟弟的信中说："我在海牙过得很开心，我在这里发现了许多美好的东西，我决定努力将一部分呈现出来。"

在海牙，他写信给提奥："没有人将流连在码头、小巷、街道、住宅、等候室，甚至沙龙当做愉快的消遣，除了艺术家。"

"在每一个现场进行写生，这都是粗活，有时甚至是苦力活。""我整天创作、操劳、干苦差事，但我身心愉悦。如果不能努力画画或更努力画画，我将变得气馁。"

"观察一样东西，欣赏一样东西，是了不起的。经过一番考虑之后，我就说：我要把它画下来，一直把它完全画到纸上为止。"

他说："我处于持续的狂热中。"

他对贝尔纳谈起他画的夏夜的草图："我在凛冽的干风最强烈的时候画的这幅画。我的画架用铁钉固定在土里，我建议你也可以使用这种方法，把画架的腿深深地插入土中，然后将

50厘米长的铁钉插入土中，固定在他们周围，你可以用绳子将他们完全绑在一起，这样就可以在风中作画了。"

以至于他对贝尔纳说："我有时不能自控地想起塞尚，恰恰就在此时，我意识到他的几幅作品中，他的感触看起来是多么笨拙——原谅我使用了笨拙这个词——由于他可能是在强烈干燥的冷风中画出的那些作品。我有一半的时间也需要面临这种困难，我就明白了为什么塞尚的画有时让人感觉如此美，有时看起来却很粗糙。那是因为他的画架在摇晃。"

也许环境恶劣，也许际遇不佳，但画家是快乐的。你瞧，他在给母亲的信中说："并且因此我也相对平静了一些，尽量画出好的作品，并不认为自己与这些不开心的人为伍。"

他终日不停地画画，时而也将自己的行为归结为勤奋，但勤奋更有可能是一种表象，画画对他是一种吸引，一种不可抗拒的内在引诱，他时常在画中找到愉悦，获得自信和安慰，并使信仰愈加巩固。

他说："我不适合做生意或专业研究，并不能证明我根本不适合成为一名画家。"

他画画，但他没想为什么画画，事实上他没有动机，绘画于他，只是冥冥中的吸引。"一个人和他的工作之间有一种亲和力存在，但是，要为这亲和力下定义，并不那么容易，在这个问题上，许多人的判断相当错误。"

事实上，没有人，也没什么事情能够阻止他画画，他就是为绘画而生。这种冲动来自生命不可知的神秘的深处。绘画，是他生命不可分割的一部分。就像他对高更说的："当我像一个梦游症病人一样在工作的时候，经常不知道自己在做什么。"

在经受坎坷之后，他对提奥说："弟弟，因为尽管有这一切小小的苦难发生，我依然生气勃勃地工作。"

"我觉得无论如何油画都会间接地为我唤醒其他的东西。""我总是尽我所能投入工作，我最大的希望就是创造出美好的事物，创造美好的代价是：努力、失望以及毅力。"

"我喜欢在街上画素描，我希望素描能更完美。"

"今天早晨4点，我已来到外面。"

在绘画中，他是快乐的。在他描述绘画的文字里，也看不到向日葵的热烈燃烧和几近毁灭的疯狂，而是缓缓的平静和喜悦。

他欣赏绘画的美，也欣赏文学的、生活的以及其他艺术的一切的美。他问提奥："你读过都德的《萨夫》么？""它非常美，并且充满活力。"

"好了，我写得十分匆忙，因为忙于画画，我从早到晚画大量的画，因为有时候一切都无与伦比地美。"

他在信中对妹妹威廉明娜说："我不知道你是否能够理解，一个人可以通过色彩来作诗，就好像你可以在音乐中寻找安慰。"

"我希望达到的境界，不是去描画一双手而是手的姿态；不是去精确地勾勒出一个头部，而是头部的表情，例如一个挖掘者抬头吸气或说话的神态。换言之，就是生命。"

在绘画中，他得到满足。

"在我看来，我常常富有如大富翁，此非指金钱，我富有（尽管它不是每天发生的）是因为，在绘画中发现可以将心灵和灵魂全部投入的东西，并赋予生命灵感和意义。"

1888年8月18日，在阿尔，他对贝尔纳说："我在考虑用半打向日葵来装饰我的画室，加工或没加工过的铬黄会点燃各种各样的背景，蓝色的背景，从最浅色品绿到品蓝，用木框装裱，木边刷为铅橙色……哈！我亲爱的朋友，让我们尽管为眼中所见的一切狂欢，是的，这样做！……我是多么想在阿旺桥镇待几天啊，我在对向日葵的注释中寻求到安慰。"

他告诉提奥："我很努力地画，以马赛人吃法式杂鱼汤的热情来画，当你知道我在画一些大向日葵的时候你不会吃惊的……我想装饰一下画室。除了向日葵，什么都不用。……每日清晨，太阳一出来我就开始画画，因为向日葵凋谢得很快，我要快速地抓住开花的全部。"

他对弟弟说："人们会感觉身临其境，像是这样的一天能收获什么？仅仅是许多粗糙的速写？我还带回别的东西——以平静的喜悦沉浸在绘画中。"

四、自我，在平静中坚持

译者在卷首发出的感慨是贴切的："世上并没有一个可以与他分享快乐与痛苦的人，更不存在'可能分享他的野心和梦想的人'。"

梵·高在写给拉帕德的信中说："他们的轻视让我非常寒心——没有人对我的画有一点点关心。"他对妹妹威廉明娜发出类似的感慨："对画家来说，有一个可以真正理解其作品的灵魂是一种安慰，事实上这种情况很少。"从这个意义上来讲，梵·高的确是孤独的。

但他并未因此而心灰意冷，更没有放弃，而是在平静中坚持——他对他的作品深信不疑。因此，他不以为然。

1882年3月，他写信给弟弟提奥："如果经济能力许可，我愿意为自己留住自己正在绘画的一切作品。"

"我会一直因为对事物的构思、想画的主题、不可动摇的需求和大多数画家意见相左。"但他又说，"不要因为这人或那人的主张丧失自己的观点。"

"当然，我很高兴作品可以卖出，但当一个真正的艺术家像维森博什这样谈论卖不出去的习作或素描时——这是真正的艺术，我将照着他的习作来画——我也会很高兴。"

画家是骄傲的，因为在他的生命中，有一股天生的力量——我不知道那能不能被称为信仰，但无疑是坚定的。

他对提奥说："除了等待我的作品，你不会失去任何东

艺术卷：美轮，美奂

西，我们可以平静地让那些同伴去看不起现在的那些作品。幸运的是，我非常知道自己要什么，并且对那些说我绘画匆忙的批评完全漠不关心。为了对此回应，我画了一些甚至比前几天更加匆忙的作品。"

"让我们安静地将展览延期，直到我有30幅30英寸[①]的布面油画的时候。然后我们只在你的公寓里向我们的老朋友们展示，乃至是根本没有压力的一次展示，然后不做别的展示。"

对于他不喜欢的提斯蒂格，他对弟弟说："够了，不谈这些了。我不应该遭到他的责备，如果我的画不能让他感到愉快，那么向他展示那些画也不能让我感到愉快。他认为我的素描不好，而这些素描有很多优点，我不期望从他的口中说出什么好话来……关于这种事，我宁可失去他的友谊，也不该向他投降。"

"我觉得提斯蒂格的想法是我必须画水彩，假如我自己错了，尝试一切有益的东西可以改变我的想法，尽管我不能理解怎么用水彩表现那些装马铃薯的人、播种者、种马铃薯的人、独轮车、烧野草的人的个性。结果可能平平，我不想让自己成为那样的平庸之才。无论如何，现在它们之中都有一些个性，一些不很遥远的东西，与莱尔米特的那些一致，比如说，追寻。"

---

① 编者注：1英寸=2.54厘米，此处保留原作品度量单位。

他常常在绘画中找到自我，聆听并跟随自己内心的声音，他作出最为正确的选择。他说："一个人如果知道做什么和避免做什么，他将不会像芦苇一样随风飘摇般惊慌失措，也不会相信道听途说的废话。"

他拒绝学院派的创作，他因不堪忍受安特卫普美术学院的专业训练而最终逃离，但他对弟弟说："我没有闲着，虽然没画模型，但我可以告诉你，一旦自由了，我将画得更认真、更有活力。"

他告诉贝尔纳："很不幸，那些珍爱油画并相信油画的人非常少，但无论怎样，他们都是存在的。""无论如何，一个人除了耐心等待没有更好的办法，即使需要很长时间。""稍后我们必须通过肖像来获得公众的承认。我认为，这是属于将来的事物。但是不要放弃我们现在的想象的方法。"

是的，他做每一件事都有他内在强大的依据。这种固执是可爱的。

"我很少根据记忆画画——我很难用那种方法画。但是我常常立即面对自然，比开始更能保留了自己的感受，少了一些眩晕，因为面对自然，我更是我自己。"

"我夸张，有时还改变基调；尽管如此，我并未对整幅作品作虚假的捏造；恰恰相反，事实上我已经完全发现了它，它无非是必须经过整理而已。"

这种内在的强大像黑暗中的灯盏，冥冥中总能给他指明道路，告诉他应该做什么、怎么做。

他对妹妹威廉明娜说:"我一直相信一个人是从画肖像学会思考的。有一些艺术爱好者不怎么喜欢它,但是就时间价值来讲肖像是非常有用的,就如同家具,总是能唤起人们很久前的回忆。"

"现在我是一个风景画家,然而事实上肖像画却更适合我,所以未来改变风格并不让我吃惊。""一个人必须就近处的题材创作,并且保持自己的绘画技能。""比其余的所有我所拥有的技能都让我激动的就是肖像——现代肖像……我应该画一些肖像,它们会出现在一个世纪之后,那时现在活着的人都已经离世。我并不是要努力用摄影技术来完成,而是用我们富有热情的表示方式增强人物的个性。"

"画了的肖像是一种我们所感受到的东西,是带着对所绘之人的爱和崇敬来完成的,那些荷兰老人们除了肖像还留下了些什么呢?"

1890年4月29日,他在给母亲的信中提起:"家里有我以前的习作或者画作么?今天它们本身或者并不好,但可以唤起我的记忆,使之变为新作品的主题。我不想要你们挂在墙上的那些,我喜欢那些农夫的素描。但这不是很重要,你们不必长时间翻箱倒柜地去找。"

他写信给妹妹:"理想的简练风格在现代社会里会让生活陷入困境,而且有这种理想的人,最后都难以实现理想,就像我。"

但他依然坚持,始终保持着鲜明的个性。

他对贝尔纳说:"我并不想参加什么讨论——我在这些抽象画法中看到了危险。如果我非常平静地画画,美的主题就会自动出现。真的,最重要的是,要在没有预先作出计划和没有巴黎人的偏见的情况下,到现实生活中去积聚新的力量。"

"不管绘画怎样令人生厌,不管我们生活的这段时间怎样不顺利,如果谁选择了这种手艺并热情地去探索它,他便是一位有责任心的、忠实可靠的人。"

他对阿尔伯特说:"我发现区分印象派作品和其他画派作品是件困难的事情。我认为把我们近来所见的情况划分成派别,是没有意义的,这种荒谬让我害怕。"

对于艺术,对于艺术家,他也常常持有自己鲜明的见解。

1884年1月24日在纽恩南,他写信给提奥:"真正为许多人开拓新领域的现代画家是米勒而不是马奈。我不以为马奈能被列入本世纪的第一人,但他无疑是个有价值的天才,这便很伟大了。"

"米勒、德·格鲁和其他很多人树立了一个榜样,他们对那些肮脏的、粗糙的、丑恶的、讨厌的等种种嘲讽置若罔闻。所以一个人摇摆不定是非常耻辱的。"

"蒙提切利经常到这里来,他身体强壮,声音沙哑,向往阳光、爱、愉悦,但是经常被穷困困扰,他确实对色彩有高雅的品位,是非常罕见的优等人,保持了过去的优良传统。他抑郁而终,或许是在一次从客西马尼旅行回来之后,死于马赛。好了,听我说,我在继续他的未竟的事业,就好像我是他的儿子或者兄弟一般。"

"在谣言四起的时候，蒙提切利画下了南方的一切，所有的黄色、所有的橘色、所有的硫黄色。大多数的画家。因为他们自己并没有身处色彩的世界中，所以他们不使用那些色彩。对那些画下他们所没见过色彩的画家，他们便认为是疯子，当然了，这仅仅是猜测而已。我即将完成一幅完全用黄色绘成的画，那是一幅向日葵。"

画家对他自己的画有着深刻的自信，然而对于绘画之外的生活，却是全然无知。她对妹妹威廉明娜说："你猜我发现了什么？我的作品。你猜我没有发现什么？我生命中的其他一切。"

一次在展会上看到沙瓦那的"非常棒的作品"，他写信给妹妹："这些描述并不是要告诉你什么东西——但是，当一个人看到了这幅画，当一个人长久地凝视它，会有一种新生的感觉，完全的却是仁慈的，包含一个人所应相信的所有事物，应有这样的期待——远古与现代的一次陌生却又幸福的交融……"

这些见解当然是个人的、感性的，正如他自己所说，他常常也会"感情用事"，甚至更甚。然而，只有感性的灵魂似乎才更酣畅。当他得知高更喜欢他的《阿尔的妇女》时，他写信说："如果你喜欢，这幅画归你，作为那几个月我们两个一起工作的总结。""有一些东西我想再通过刻蚀突出一下，然后就顺其自然吧，喜欢的人就拿走好了。"

有时，他对那个时代的艺术潮流和艺术走向也保持着敏锐的触角。1884年10月，他对弟弟提奥说："在荷兰，很难找出印象派的真正意义，但拉帕德和我都对现今的绘画潮流非常感兴趣。事实上，意想不到的新概念开始兴起。时下的作品格调与数年前的相当不同。"

1888年6月22日，他写信给妹妹威廉明娜："一个真正能拉好小提琴或弹好钢琴的人在我看来是非常有趣的，他打开小提琴，拉了起来，所有的人可以整晚享受他的音乐。这是一个画家应该达到的境界……但是在现代鲜有人有兴趣与我们为伍，如果他们认同了我们，或许他们会立即并且永远地修正他们的看法。"

当然有时他也看不清楚。当印象派要组成一个团体，从节约材料等现实的考虑他也对此抱有幻想，然而他说："但是，我不应该为这一点苦恼，因为我意识到时光过得如此之快，我们没有时间交谈，也没有时间工作。这就是原因所在，因为结合在一起还很遥远，我们现在用一艘脆弱的小船航行，并没有留下深刻的痕迹，独自在我们时间的深海之处航行。""这是一次复兴，还是一次衰退？我们无力判断，因为我们与之如此接近，以至于不会被扭曲的视角欺骗。这个时代的事情，我们的失败或者成功，或许在我们眼中看起来会被放大。"

像是一个预感，1889年9月的一天，他突然对弟弟提奥说："让我们以北方人的冷静来面对现实吧！这讨厌的艺术生命快要耗尽了。"

4个月之后的1890年元月,他的展出作品《红色的葡萄园》被比利时诗人和画家德·波克的妹妹购买,然而,这却是梵·高生前售出的唯一一件作品。

梵·高在给弟弟的信中说:"我们眼见当今画家备受缺乏足够的金钱维生和购买油彩的痛苦,另一方面,已逝画家的作品却被付以高价。"

但我相信,他对此并未真的在意。

五、提奥,亲爱的兄弟

他的兄弟提奥在梵·高的生命里是不可或缺的。没有提奥,就没有梵·高。

提奥对于梵·高的支持有精神上的,但更为重要的,是生命线上的、物质的支撑——那对于身无分文、一生只卖出过一幅画的梵·高是何等的重要!

通过信件,他频繁地向弟弟求助、告急。"我希望你现在能寄给我一些钱"不间断地出现在他给弟弟的信件里。

有时贫困压得他喘不过气来,他写信给弟弟:"朝自己的目标前进对我而言真的很艰辛——潮水高涨,几乎快到唇边,或许还会更高,我怎么能预知呢?""尽快给我写信,尽早把2月份的钱寄给我,因为我非常确信那时候钱将被花得一分不剩。"

"从明天开始的一周我会有很多工作,但我害怕钱不够用,2.5荷兰盾和一些硬币是我剩下的所有的钱,现在应该怎么做？""尽快回答我，还有其他的可能么？寄一些钱给我，这样我可以继续画下去。"

"如果可能的话，赶紧寄些钱给我。"

"我现在面临的问题是不能再买颜料了，因为旧账还没有付清。""在海牙居住对我来说太贵了，我不得不一次又一次地离开。""这就是我在这里的真实状况，几乎赤字，这段时间会完全赤字。"

而弟弟提奥，也给予了哥哥不曾间断的资助——确切地说，是一生的资助。

画家的一生都被贫困困扰着，他节约颜料，节约画材，朝不保夕，但最为危急的时刻他也没有放弃画画。

1882年1月在海牙，他写信给提奥："所以又起床给你写信，因为我十分担忧。不得不考虑许多有违意愿的事情，大大地阻碍了我的创作。甚至站在模特面前时，我都不知道自己能否付钱给他，第二天能否画下去。在这种情形之下，为了画画，我却必须保持镇静，特别是必须保持自己的精神。总之，那相当困难。"

画家常常因贫困陷入忧伤、焦虑和无奈之中，"模特儿是一个漂亮的女孩——她是阿尔兹和很多人的模特儿，她要1.5荷兰盾一天，那对现在的我而言太贵了。所以，我还是用瘦小的老妇人当模特儿。"

提奥是他亲爱的兄弟，也是他的救命恩人。在这个意义上，梵·高一刻也离不开提奥。1885年4月30日在纽恩南，他写信给弟弟说:"我的创作可能会因为材料的困难而遭到抑制,但并不会被摧毁。因为你一直在那里。"

在另一封信里,梵·高对弟弟说:"兄弟之间的友爱是生活强而有力的支柱,这是一个古老的真理:让我们寻找这种支柱。"

"我们的精神、个性和心胸会变得更丰润更坚强,我们会在纯真的生活、彼此的情谊,以及'只要天父和我在一起,我便不孤单'的感觉里,愈发丰美。"

为了鼓舞提奥的信心,也为了让自己增添一线希望,他常常在信中对弟弟说:"相信我的作品有销路的日子不会很远了。"

"我认为,一幅素描的成败很大程度上取决于画家的心情和状况。因此我尽量保持愉悦的心情和头脑清醒。但有时候,像现在,沉重的忧伤来袭,感觉如堕地狱。""这时候,我能做的只是继续画画,瞧瞧莫夫和伊瑟列斯及许多人,他们懂得如何由每一种心情里获取好处,真是众人的榜样。"

有时候,他甚至被模特儿施舍。1882年3月11日,他在信的末尾对提奥说:"还有一件事感动了我。我事先告诉模特今天不用来,但那可怜的妇人还是来了,我向她抗议。她说:'我不是来摆姿势的,只是来看看你晚餐是否有着落。'她带了一盘豆子和马铃薯给我。"

"一旦颜料充足,我将开始远足,从一个村庄到另一个村庄。"

第一辑 无染无着真风流

"乡村的自然中，每天都有不同的景色……但是尽快支付颜料账单对我很重要。"

画家就是这样地支撑着，使那些"原本可以更完美"的作品不得不在画家的眼中带有着些许无法克服的遗憾。

"《吃马铃薯的人》的颜色不佳，至少部分不佳，这是因为颜料不好。"

但有时他也自我鼓励："一个人大概有时需要遭受苦难，但是克服过去，最开始被拒绝的画就可以卖掉。""想到米勒说过的：'我从来也不想免除苦难，因为那可以使一个艺术家更有表达的力量。'"

是的，梵·高就是梵·高，困顿、疾病、世人的不屑与嘲讽……他无法在任何情况下否定和丧失自我！他在贫困中焦虑和痛苦着，又在平静和愉悦中保持着自己鲜活的个性。

"不知道我们是否将赚钱，但如果所赚的钱只够让我勤奋工作，那么我也满足了，重要的是做自己想做的事情。"

1887年在巴黎，他写信给提奥："我早已觉得自己老迈破败，但仍然可以不时保持激情以减少一些对绘画的热情，一个人必须有野心才能成功，而野心似乎是荒谬的。首要的事是减轻你的负担，这并非不可能，因为我希望进步到你可以大胆地展出我的作品而不损害你的名誉。因此，我将移居南方的某处，以免看见在为人方面使我厌恶的画家。"

次年年初在阿尔，他对贝尔纳说："我感到遗憾的就是这里的生活费并没有预期的那么便宜，迄今为止，我还没有在阿旺桥镇发现更便宜的东西。"但在那里，他说："你现在想象不到我现在完完全全地在做自己喜欢的事情，可以不再做那些我不喜欢的事情。"

自杀前的那段日子，梵·高疾病缠身，其间曾试图吞颜料自尽。为了防止悲剧的发生，也出于发自内心地对哥哥的关爱，弟弟提奥曾经专门找医生"监护"他。

而那时，梵·高依然被贫困困扰。1890年5月，他给提奥夫妇的信中说见到了加歇医生："他安排我住在一家小旅店，旅店要价6法郎一天，我自己找了一家3.5法郎一天的。"

1890年7月，他对弟弟说，忽视商品的行情"是你我穷困的原因之一"，"但是撇开野心，却成为我们能够共同生活多年而不致毁掉对方的因素之一"。但即便如此，他仍然需要向弟弟求助："我身上的钱不够用了，我还得支付从阿尔邮寄行李的费用。"

画家完全依靠弟弟生存，当有段时间收不到弟弟的来信，他就在信中焦急地问："提奥，你怎么啦？""最近几天，我的口袋里一分钱也没有了。当然，我坚定地期望你给我寄来至少100法郎，以应付1月份的开支。"

"我一直在找模特儿，也找到了几个，但我没钱请他们。"

"如果因为某些原因你不能马上寄来100法郎，回信的时候至少寄给我一部分钱。"

而那时，画家的口袋里只剩下给弟弟寄信的唯一的一枚邮票，他在信末对弟弟说："我刚才在口袋里找到了一张邮票，否则将无法给你寄信。"

两周之后，他回信给弟弟："感谢你的来信以及其中夹带的 50 法郎纸币。"而这也是他生前写好但没有寄出的最后一封信，是他自杀后别人从他身上翻出的，在这封信中他说："我亲爱的弟弟，我总是对你说，我再一次郑重地重述一遍，一个尽自己最大努力勤奋不懈的人，肯定会获得成功。我要再次对你说，我始终认为你不止是一个专门经营得罗的画作的平凡的画商。通过我的斡旋，你实际参与了某些不朽的油画作品的绘制过程，那些作品即使在风暴中也完好无损。"

"因为这是我们的收获，这是我在危急关头必须对你说的一切，或者至少是最重要的一件事——此刻，已逝艺术家作品的经销商和在世艺术家作品的经销商之间的关系，正处于异常紧张的时期。"

"至于我自己的作品，是冒着生命的危险创作的，而我的理智垮掉了一半——没关系——据我所知，你不属于在世艺术家作品经销商行列，你仍可走自己的路，怀着本性地做事，本乎人性地做选择。但是，又有什么用呢？"

之后，他永远地离开了提奥——他亲爱的兄弟。

"在忧思中，与你握手道别。"是他对弟弟说的最后一句话。

我怀着平静而又愉悦的心情圈着并抄下这些美妙的文字，直至读到最后一页，那是译者的叙述。

梵·高去世后，提奥在给妻子的信中说："他最后的一句话是：'但愿我现在就死去！'他的愿望达成了。几个时辰后，一切都成了过去。他已找到世上找不到的安息……第二天早上，从巴黎以及其他地方来了八个朋友，布置停柩间及梵·高放画的房间，一切看来挺好的。那儿有许多花和花环。加歇大夫首先带来一大束向日葵，梵·高是多么心爱这种花啊……"

提奥在给母亲的信中说："一个不能找到安慰的人也不能写出自己有多悲痛。这悲痛还会延伸，只要活着，我就不能忘记；唯一可说的是，他已经找到他渴望的安息……生活对他是个负担；但现在，就像从前，每个人都赞扬他的才能……哦！母亲，他是我最最心爱的哥哥啊！"

"提奥衰弱的身体也慢慢支持不住。6个月后，1891年1月25日，提奥也追随哥哥而去。在奥维尔麦田间的小墓地里，一个阳光普照的地方，提奥和他亲爱的哥哥——梵·高葬在一起。"

那一刻，我已是泪流满面……

2010年11月2日至4日

六、后记

（一）关于翻译

不知道为什么，当我被《梵·高艺术书简》中油画般美妙的文字深深吸引的时候，我的大脑里始终没有离开"译者"的影像。我感谢这些书信的翻译者张恒和翟维纳，是他们富有灵性的翻译为本书增添了不同寻常的色彩。当朋友天雨在博客里留言赞美梵·高的文字和他的画一样美丽时，我忍不住作了一些补充："我在读的过程中，也一直在感谢书的翻译，我觉得一个好的翻译也很重要。"

因为英语不佳的缘故，我很少读国外作品。动过心，也偶尔读过一些翻译的作品，但都因文字的枯涩、黯淡而半途搁置了。是那些誉满全球的文学泰斗们真的没有才华和灵感吗？我想应该不是的，那么是什么使他们的文字黯淡无光？我能想到的，便是翻译。

也许，我们于刹那间被梵·高的《向日葵》震撼是在情理之中的，因为它无须翻译。而被他的文字震撼却显得十分难得。将一种语言翻译成另一种语言，将彼时的氛围和气场从一个国度移植到另外一个国度，让一种习惯顺应另一种习惯，这是一项艰巨的任务，不是仅仅拥有好的外语技能就能胜任的。翻译者具备良好的文学艺术修养很有必要，但这还不够，对艺术和艺术家的完美翻译和诠释，还需要翻译者具备深厚的文学艺术气质——而这，往往是天生的，无法强求。

张恒和翟维纳的翻译让我看到了灵性的舞蹈，让我看到了画家文字、绘画、灵魂，乃至一切美的高度统一。甚至很多的时候，经过翻译的文字成为画家绘画的有效延伸和补充，有助于欣赏者进一步了解和诠释他的绘画，并使他的绘画更美、更富有灵魂和活力。

从始至终，我从这些文字中得到无尽的愉悦。被文字里散发的如诗般美好的气息吸引着，我竟然记了 1.5 万字的读书笔记——这在过去是没有过的。

经过张恒和翟维纳的翻译，梵·高将他画作之外的另一些生命的维度呈现给了我们，充满了美感，又如此逼真。除了从这些鲜活的文字中获得灵感，梵·高还谈了许多天赋的对于绘画的见解。

一个美术学院的学生也是不能不读读这些文字的。

2010 年 11 月 5 日

（二）关于梵·高和这本书

画如其人，文如其人。如果说在看到《向日葵》的刹那我不自觉地被梵·高吸引，那么读了他的文字，我了解了他更多，文字中的梵·高与我想象的梵·高也愈加地契合。

那是一种莫名的接近。因此自始至终，我与他怀着同样的平静和喜悦，沉浸在他诗一样的文字里，正如他的画，处处充满了美。我将这些触动我心灵的文字摘录下来，梵·高便有了除向日葵之外的许多维度。

我被画家灵魂深处的高贵震撼了。

他平静，执着，快乐，在他内心神秘的深处，分明流淌着诗和音乐，那是天赋的精神和信仰——贫穷、困苦和磨难，在信仰的照耀下，都可以忽略不计！

而与他的文字相遇的刹那，他生命深处的光泽也同样照耀着我——那是一种深刻的共鸣和无与伦比的美。

生命至此，是多么地骄傲！

而于梵·高，一切又是那么地稀松平常，似乎生命里所有的获得，都出自天然。

看着他《自画像》中那张既丑陋又呆板，直觉中引不起一点愉悦的脸，和那个看上去一点也不出众的人，真的不好想象，其内在的灵魂和生命怎么会容纳和创造这么多的美？！

译者说："世上并没有一个可以与他分享快乐与痛苦的人，更不存在可能分享他的野心和梦想的人。"

世人的理解与否对他真的无关紧要。然而灵魂与灵魂的碰撞，在无限时空的某一个不经意的时刻，或许依然会发生。只不过画家，没有看到。

回想画家的一生，回想那许许多多个在贫困线上挣扎的细节，回想他画画的每一个清晨、每一个傍晚，回想他充斥一生的平静和喜悦，回想《向日葵》中那一片将要燃烧、几近毁灭的色彩，我感动得竟要落泪了！

（三）美院的学生也该读读这些文字

我从人文和审美的角度，撷取了其中触动我心灵的精华。但在阅读的过程中始终没有抛开美术学院的学生也该读读这本书的想法，他们必将从中获得许多的启迪，拥有很多的收获。

在这些书信中，梵·高谈论了很多对于绘画的见解。当然，这些见解是无法简单地习得和拷贝的，正如其生命无法复制,但人们依然可以从中汲取养料,得到一些鼓舞和启发。

他谈论绘画,也写信给那个时代其他富有活力的画家;他特立独行,但他不狭隘,而是无意中与那个时代保持了紧密的联系——或者,换句话说,是天赋的才情,使他对时代保持了敏锐的触角,他能嗅到那个时代的气息。

而这一切,作为历史,会给美术学院的学生们以鲜活的呈现。

但这不是最最重要的,最重要的,我想,该是精神的传承与感染——这对美术学院的学生又是何等的关键!

(四)其他:人生是多么有趣

没有电脑的时候,我就写在这样的纸上,它的背面是打印的一些访谈资料:关于"十二五",关于节能减排。而此时我正在写的却是梵·高,那个艺术的、纯粹的、感性的梵·高,那个被《向日葵》的黄色渲染得耀眼的梵·高。两面的文字有着如此的反差,但却不是没有丝毫的关联——多少年后再看到这张纸,它将真实地呈现我今天所处的两个完全不同的世界。

人生是多么有趣啊!

(《梵·高艺术书简》,梵·高著,张恒、翟维纳译,新星出版社,2010年3月第1版第1次印刷)

2010年11月6日

在痛苦中讴歌欢乐
——读罗曼·罗兰《贝多芬传》

一切的天才都有着相同的特质，他体内天赋的能量和神性的感应务须找到一个适当的载体去呈现，或绘画、或雕塑、或音乐、或文学，这个载体承载了他全部的生命、灵魂和秘密，不可阻挡，不可遏制，他只能成为天才，而这一切他自身都浑然不觉。贝多芬、达·芬奇、梵·高、米开朗基罗，无不如此。

天才的创造使他获得内心的狂喜，使他的生命发出耀眼的光芒，开出美丽的花朵，进入无上的胜境。天才的使命就是创造、庆祝和欢喜。贝多芬即是如此。他音乐的欢乐与高亢不是音符和旋律的高亢，是其内在生命天生不可遏制和掩抑的高亢，他说，"是我给人以精神上至高的热狂"，他的《第七交响曲》坦白而无目的，"单为了娱乐而浪费着超人的精力，宛如一条洋溢泛滥的河的欢乐"。因为蕴含于体内的一切，就得挥发出来。这几乎是所有天才的共同特征。罗曼·罗兰说：

艺术卷：美轮，美奂

"凡是不是像他那样感觉的人，对于他这种行动与胜利的音乐决不能彻底了解。"他无意于征服什么，而他时刻又在征服着世界，他的世界不在眼前，因为他说："我的王国是在天空。"他无所察觉，他又有所感知，他预知到一切必将发生。

　　爱情曾给予他短暂的温柔与平和，当他与热恋的特雷泽·特·布伦瑞克解除了婚约，当爱情遗忘了他，他重回了生命的不羁和固有的力，"他完全放纵他的暴烈与粗犷的性情，对于社会，对于习俗，对于旁人的意见，对一切都不顾虑。他还有什么需要畏惧，需要敷衍？爱情，没有了；野心，没有了。所剩下的只有力，力的欢乐，需要应用它，甚至滥用它"。在他《第九交响曲》沸腾的乐章里，"我们可以听到贝多芬的气息，他的呼吸，与他受着感应的呼喊的节奏……整个的人类向天张着手臂，大声疾呼着扑向'欢乐'，把它紧紧地搂在怀里"。

　　对他来说，"最美的事，莫过于接近神明而把它的光芒散播于人间"。他说："音乐当使人类的精神爆出火花。"然而就是这个"只在音符中过生活"的天才，上天却让他在他最依赖的感官——听力上发生了重大的问题，这对他无疑是致命的打击和折磨。最初的两年里，他与外界隔绝，为的是不让别人发现贝多芬这个伟大的音乐天才耳聋。在这两年里，他受着无尽的煎熬。在致韦格勒的信中，他说："你简直难以相信我两年来过的是何等孤独与悲哀的生活。"每时每刻，他都期待康复，期待上天还给他创造的能力；"噢，要是我能摆脱这病魔，

第一辑　无染无著真风流

我愿拥抱世界！"因为他的内在蕴含着无穷的力！而他，只有在这力的释放中才能存活。

他四处求医，期盼着疾病的好转或痊愈，但向好的迹象始终没有出现。绝望之时朋友教他学习隐忍，他却说他要向命运挑战！因为他天生的使命还未完成，他不朽的灵魂、坚强的意志、浸透了生命的欢乐的气息要在音乐中复活！他要谱写明澈如水的《七重奏》、天真梦幻的《第一交响曲》，他要在忧郁的背景中注入欢乐的调子，"它是那样的需要欢乐，当它实际没有欢乐时就自己来创造。当'现在'太残酷时，它就在'过去'中生活"。这个不幸的人永远受着忧患折磨，却永远讴歌着"欢乐"之美，欢乐本是他生命的底色！罗曼·罗兰不无感慨地说："一个不幸的人，贫穷，残废，孤独，由痛苦造成的人，世界不给他欢乐，他却创造了欢乐来给予世界！他用他的苦难来铸成欢乐，好似他用那句豪言来说明的——那是可以总结他一生，可以成为一切英勇心灵的箴言的：'用痛苦换来欢乐。'"

然而在某些时刻，艺术家的内心和生命又是全然孤独的，深受病魔折磨的贝多芬更加重了这孤独。在"贝多芬遗嘱"这一章的第一页，呈现的即是1814年9月20日他写给李希诺夫斯基的一段乐曲，简短而沉重的音符下面只有六个字：孤独，孤独，孤独。然而在孤独之下，艺术最终挽救了他。他在给他的兄弟卡尔与约翰·贝多芬的遗嘱中说："'是艺术'，就只是艺术留住了我。啊！在我尚未把我感到的使命全部完成之前，我觉得不能离开这个世界。"因为这个主张"艺术结合人类"、必须"不用钢琴而作曲"的艺术家还未完成他的述说……

今天,天才的贝多芬已然离开了这个世界,离开了我们,然而他的《英雄交响曲》,他的《命运交响曲》,他的《月光奏鸣曲》,他的《七重奏》,他的《弥撒典》,带着不灭的生命气息,重又将他唤回了人间,唤到了我们身边。艺术家还活着,天才的贝多芬还活着,还在用他虽然苦难但却欢乐的气息激励和感召着我们,用它音乐中无尽的能量感染和呼唤着我们!本书的译者傅雷先生说:他《弥撒曲》里的泛神气息,代卑微的人类呼吁,为受难者歌唱;他《第九交响曲》里的欢乐颂歌,从痛苦与斗争中解放了人,扩大了人。"那时候,人已起临了世界,跳出了万劫,生命已经告终,同时已经不朽!这才是欢乐,才是贝多芬式的欢乐!"

罗曼·罗兰满怀深情地说:"亲爱的贝多芬!多少人已颂赞过他艺术上的伟大。但他远不止是音乐家中的第一人,而是近代艺术的最英勇的力。对于一般受苦而奋斗的人,他是最大而最好的朋友。""他分赠给我们的是一股勇气,一种奋斗的欢乐,一种感到与神同在的醉意。"而初读《贝多芬传》一度号啕大哭、"如受神光烛照"的傅雷先生则更有一番深刻的感受,在本书"译者序"的开头,他说:唯有真实的苦难,才能驱除浪漫底克的幻想的苦难;唯有看到克服困难的壮烈的悲剧,才能帮助我们担受残酷的命运……不经过战斗的舍弃是虚伪的,不经过劫难磨炼的超脱是轻佻的,逃避现实的明哲是卑怯的。"显而易见,在他所处的那个动荡不安的年代,他亦曾于贝多芬那里得到刻骨的铭记和深切的鼓舞。

而所有领受了贝多芬音乐灵光指引的人们,和深受了他音乐鼓舞的人们,都该向他——这个伟大的天才和欢乐不屈的人致敬。

(《贝多芬传》,罗曼·罗兰著,傅雷译,华文出版社,2014年9月第1版第4次印刷)

2015年2月9日

信仰是光，照亮一生

——读蒋勋《蒋勋破解米开朗基罗》

在作者简介的文字中，蒋勋说："美之于自己，就像是一种信仰一样。"这句话瞬间击中了我，使我产生了强烈的震动与共鸣。美之于我，不也已经成为了信仰吗？对美的直觉求索与跟随，使我看见光，受着光的指引，使我常在源头，心怀欢喜，永不黯淡。

我们需要与美直接遇见。我们常会与美直接遇见。一个对美敏感的人，随时随地都在与美直接遇见。自我心灵的内在之美与肉眼所见的外物之美分分秒秒都在作着深切的感应，像蒋勋之面对米开朗基罗，他看到的全是美，只有美。

大文豪罗曼·罗兰曾以悲悯的情怀和善良的笔触写过一部《米开朗琪罗传》（傅雷译），使人看到艺术家彻头彻尾悲凉凄苦的一生。而蒋勋完全以艺术和美学的眼光来诠释米开朗基罗，因为在他的眼里，在他立于米开朗基罗的大卫像、《哀悼基督》、《创世纪》壁画前的刹那，他只看到了艺术，他只看到了美。在那个瞬间,他的血液与情思完全被米开朗基罗所创造的艺术品震撼并控制了。他情不自禁,身不由己,泪流不止。在那个瞬间,他感受到的只有艺术和美的力量。除了艺术,除了美,在他的周遭,在他的思想和躯壳里再也没有其他一切的存在。创作者和鉴赏者在那一刻完成了最默契的沟通。

　　米开朗基罗的一生,以世俗的眼光来看,的确是凄苦悲凉的一生。米开朗基罗终生都在与那些石头打着交道,也许,他就是要将其生命交付于这些石头。在创作的每一分秒,米开朗基罗都在与石头作着深沉的对话,其中的每一斧每一凿都带着他个体生命的独特信息。这些对话和信息,也许世人懂了,也许世人没懂,也许世人只是懂得了其中的一部分。正如蒋勋在书中某一处所说,米开朗基罗毕生留在自己身边、陪伴了他几十年的作品《囚》,被后人在博物馆标上了"未完成"的标记。而事实上是真的"未完成",还是作品凝固的刹那正是创作者想要表达的样子,这些都已无从知道了。而在蒋勋眼里,那些作品全都带着强烈的生命气息。正如米开朗基罗的徒弟罗丹的雕塑展在中国国家博物馆展览时我看到的,每一件作品都带着巨大的生命能量,使我在那一个时刻神圣并庄严地遇见罗丹,遇见美,遇见美之跨越时空,与自我的生命作着强烈的撞击和有效的连接,使我于那一个时刻洞见了往昔,亦洞见了人类光明的未来,于内在升起无限的信心。在那个有些幽暗的展厅里,我分明看到了一束明亮的光,使我激动不已。人类的信心,正是从这里、从美升腾起来的,它的归处,仍将是美。而米开朗基罗与蒋勋,在《囚》的作品上似乎也达成了庄严的沟通,蒋勋说这件作品似乎预示着,米开朗基罗知道自己终其一生,将背负着美走向死亡。

蒋勋在说米开朗基罗,还是自己?很多地方,其实不好区别——那是一种共鸣的感觉——而只有同具,才有共鸣。在读的刹那,我时常有种恍惚的感觉,很多的时候,仿佛自身也在其中,分不清哪些是在说米开朗基罗,哪些是在讲蒋勋,哪些又是自我本有的部分——浑然一体。

蒋勋说,他用布道的心情传播对美的感动,而米开朗基罗往昔的创作,仿佛就是为了寻找像蒋勋、像我一样为美而生、与美同在的同道。这个跨越也许是艰难的,但艰难之中,亦充满了荣光。

信仰是光,照亮一生。

本来,阅读的彼刻我在所有共鸣的句子下都划了线,但回味的此时,我的脑海里已经全然没有了线,抛开书本,只剩下这裸露的冲动和直接的文字——正如一切的艺术、一切的美都是赤诚坦荡的,如血肉与呼吸,进入骨髓和生命。

亦如过去实际也读过蒋勋的其他作品——他的《给青年艺术家的信》,带着与这一本一样的美感和纯净,而他的,我忘记了是《孤独六讲》还是《生活十讲》就没有这种感觉和能量,因此被我搁置了一边。我想说:蒋勋,你还是抛开别的,去谈艺术、去说美吧!

而我，循着光的指引，也要找到自己的所在。

（《蒋勋破解米开朗基罗》，蒋勋著，北京联合出版公司，2015年5月第1版第1次印刷）

2015年7月12日

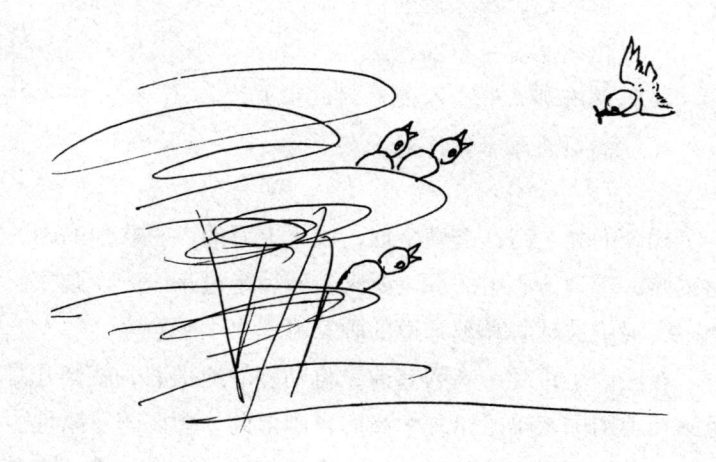

改天，我们相约阿姆斯特丹
——读蒋勋《蒋勋破解梵·高之美》

每个人的心中都有一团火，
但路过的人只看到烟。
但是总有一个人，
总有那么一个人能看到这团火，
然后走过来，陪我一起。

如今的梵·高，誉满全球，成千上万的人喜欢他的画，被他震撼，看到他心中的那一团火，然后走过来……而画家，那个一度渴望被理解和被知道的画家哪里去了呢？

在法国小镇梵·高的墓前，蒋勋静静地坐着，就像几月前我站在美国国家美术馆梵·高的自画像前，想要陪一陪他。一切都已寂灭，只有他的画，还如火焰般熊熊地燃烧着，带着巨大的生命能量，和我们一起澎湃、一起呼吸。

蒋勋试图解读梵·高。而梵·高是可以解读的吗？即使面对他的《向日葵》，他的《星空》，他的《麦田落日》，他的《星光夜间咖啡馆》，他的《黄色房屋》，也无须解读，只需感应。那不是语言可以诠释的，只能用生命和心灵去感应。感应到就是感应到了，感应不到，就是感应不到。一切的语言都是多余的。

虽然，蒋勋先生在这本书里为我们提供了一个独特的视角，将新教的基督信仰和对他人及自我的救赎作为解读梵·高的着眼点，从这里出发去诠释他的行为和他的画，但这仍然无法让我信服，我更愿意相信支撑梵·高成为梵·高的不是宗教，不是附加的使命，而是源于内在不可扼制的本能冲动。这冲动使他超越了宗教，超越了使命，超越了一切可描述的性状，成为异乎寻常的纯粹，纯粹到热烈，到燃烧，到化为灰烬。

在我读过的梵·高写给其弟提奥的信中，我没有看到一个字眼关乎"信仰"，关乎"救赎"。在他的脑子里、心里、画里，除了美，还是美，除了热爱，还是热爱。在那些他亲笔所写的信件中，他背离了世人对他凄苦、悲惨的一切印象与描述，述说着内心无限的喜悦与平静，聆听着内心流淌着的诗和音乐，表达和感受耀眼的美与兴奋。无论是前期以矿工、农民、妓女为主题的作品黯淡的基调，还是后期以向日葵为主题的作品热烈的色彩，都是画家本能的感应、驱使与热爱，都离不开画家对美追逐的天然本性。真与善，同情与悲悯，亦是美之一种，与画家、与他的画天然同在，超越了黯淡亮丽，超越

艺术卷：美轮，美奂

了世说纷纭，如潮水般奔涌而来。除了生命的奔涌，我没有看到其他任何的杂念。

蒋勋先生说："只有艺术的爱，不会成就梵·高巨大心灵的火焰，他生命里燃烧的狂热之爱，是信仰的激情，是喀尔文新教受苦与救赎的执着，从梵·高父亲、祖父一路传承，新教牧师的血液川流不息在他的身上奔腾。"将一切归结于宗教信仰我无法苟同，我更愿意相信那是来自天性和天赋、本性与本能。蒋勋先生说："他的目的，或许不是'艺术'，而是可以实际改善劳动者的生活景况。"我同意"他的目的"绝对不是"艺术"，但也不是让绘画去"救赎"，那是一种感情，是看到的瞬间直接、应激的感情，那个瞬间他想不到"目的"，想不到"救赎"，"目的"和"救赎"都是附加的。蒋勋先生说："梵·高用拉长的点描笔触书写他与满天繁星对话的狂喜。他听到了星辰流转的声音！他听到了云舒卷回旋的声音！"这解读很美，但我要说这仍然是后人的解读，那一刻的他，只与他同在。蒋勋先生说："看不到梵·高的心事，是不可能读懂他的画的。"我想说：所有的所有，都是感应到的，不是"读"到的。蒋勋先生说："一八八八年底视梵·高为疯子的人，和一九八七年以十亿台币高价买梵·高一张《向日葵》的人，都可能没有读懂他画中寂寞的心事。"我想说：但那主线，仍不是"寂寞"。看他《隆河星空》插画中星光被拉长的倒影，我忽然有了一种"寂美"的感觉，于是随手在旁边写下：对，不是寂寞，是寂美。而当蒋勋如此解读他的《夜间咖

· 60 ·

啡》:"他已经开始用燃烧自己来取暖,用燃烧自己来发亮。"我忍不住想说:别这么说好吗?梵·高没有想过要"取暖",甚至没有想过要"发亮",他的燃烧全然不顾地超越了这一切。"一八七六年十一月四日,一个主日的清晨,二十三岁的梵·高,第一次站上布道者的讲坛,讲坛下是伦敦郊区最贫穷的工人,瘦削黧黑,呆滞没有表情的五官,他们听到年轻布道者用那么美丽的语言描述黄昏、夕阳的光,描述连绵不尽的山峦丘陵,描述瞬息万变的天空,晚云中灰蓝、金黄、银白、赭紫的光的闪烁。"就是在这段听上去很美的描述里,我看到了蒋勋的影子。蒋勋先生说:"梵·高以创作把生命带到华美的巅峰。"我想说:其实是生命将梵·高带到创作的巅峰。

对于梵·高,我们真的无法去解读和框定他。当然,蒋勋先生虽然将梵·高框定在了喀尔文教派的信仰和家庭传统里,但对于他在书中强调的信仰不等于教会和神学院,美不等于美院,甚至不等于艺术,我是持赞同态度的。"神学院谈论'神',却远离了神;美术学院谈论'美',却远离了美。"我也同意梵·高画画不是为了艺术,当然也不是因为宗教,那是生命在涌动。

还有,蒋勋先生善解人意的注解和推敲,也使人感觉悲悯和温暖。当写到唐基老爹的妻子,他说:"许多传记把唐基的妻子嘲讽为悭吝刻薄的女人,或许,她只是务实的妻子,知道唐基老爹自己也没钱,一大堆穷画家又吃又喝,自然会抱怨。"当写到梵·高与高更的决裂,他说:"在美学领域,没有绝对的是与非。高更与梵·高是两种截然不同的生命,各自以自己的形式完成自我。"当写到梵·高的疯狂,他说:梵·高是精神病患者,但是他看到了最纯粹的美的事物。我们很正常,但是我们看不见。"面对梵·高的自画像,他写道:"我们说:梵·高疯了。我们庆幸自己没有疯,但是我们无法看到这么纯粹的自己。

然而所有的解读依然只是解读。我们只有回到他的画。

书中的几十幅插图在我看到的刹那迅速遮盖了文字,将我直接引向他。那铺满了整个画面的《向日葵》如热浪般扑来,瞬间将我卷入生命的热烈;《星光夜间咖啡馆》夺目的黄色墙体在湛蓝夜空衬托下,唤起内心的温暖与热切;旋转的《星空》则将画家澎湃的激情放大数倍,让我们直接看到他的内心景象;《黄色小屋》《麦田落日》中铺排流溢的大片黄色和《太阳下收割的麦田》涌动翻滚的巨大热情亦于刹那间震动并感染我,与自我的生命做着深切的呼应……而《哭泣的老人》,画家要怀着怎样的悲悯与大爱,才能如此深刻地描绘掩面哭泣的老人"不可知的绝望"?《在永恒的门口》,画家要抱着怎样的同情与慈悲,才能洞悉并眷顾一个普通工人深度的悲伤与忧戚?"不像同一时期许多社会批判的画家着重在事件的控诉,梵·高更关心人的绝望本身。"看到画家笔下将头埋进悲伤的老人,我和蒋勋产生了一样的感受,这是一个受苦的生命,"梵·高把画面推到我们面前,引发我们的关心、悲悯,不管是什么原因,我可以无视于一个人如此地受苦吗?"

彼时彼地有人说，梵·高的画没有技巧，不讲比例。是的，有谁知道他的创作从来就超越了技巧，超越了形式、比例，甚至超越了艺术，带着先天本具、无以扼制的光华、气息，连同画中宿命般必然出现的大片黄色，义无反顾地汇入到生命巨大的能量中去，于迸发、燃烧的刹那将生命推向极致。

看到插图中的很多作品被收藏在梵·高美术馆，我顿时产生了去荷兰的冲动。改天，我们相约阿姆斯特丹。

（《蒋勋破解梵·高之美》，蒋勋著，北京联合出版公司，2015年10月第1版第3次印刷）

2015 年 10 月 2 日

美不是膜拜，是创造
——读蒋勋《蒋勋破解莫奈之美》

在这本书里，蒋勋带读者领略莫奈的光影世界。

我对莫奈的认识有一个过程，从"知道"到"了解"，从"看到"到"吸引"，从"麻木"到"感应"，经过了许多年，如今在一点点地深入。如同我们对于人生的理解日渐深刻，不同形式的常识与感悟，日渐贯通，生命无时不在呈现着崭新的内容，而这无疑是一件美的事。

看到他夕阳光影笼罩下的《吉维尼的干草堆》，头脑中只有一个字：美！我也想画，想沉浸于艺术这肃穆的氛围里。还有他《垂柳》中那一抹透着光亮的明黄，对我亦是一种引诱，勾引我急切地想要画画。看到他《草地午餐》枝叶上斑驳的阳光，我顺手记下：这树的光点，我是否可以借鉴？下次试一个。那一刻，仿佛感觉到生命中有很多的东西急切地想要释放，文字、绘画皆是一种召唤吗？我将必然地融入。有时候，真的幸福于自己蒙受神启般地活着。

《撑伞的卡蜜儿》我在美国国家美术馆看到过,这个美好的女子在莫奈的画里曾经反复出现。本书还附了莫奈的两幅《撑伞的苏珊》,同样的地点,同样的物象,虽然已是物是人非——苏珊是莫奈的爱妻卡蜜儿死后第二任妻子的女儿,但画面里依然流露着强烈的感情,背景在画家的笔下变成了温暖的黄色,其中一幅苏珊的面孔也被画家处理得十分模糊,分辨不清那是苏珊还是卡蜜儿——那是画家无言而刻骨的怀念吗?他的生命、生活,的确都倾注在了他的画布上。《卡蜜儿之死》记录了画家狂乱、悲痛的心情和他对于爱妻的最后记忆。这个女子不仅是他的妻子,还是他毕生最忠贞的模特儿,陪着画家度过了许多奉献的时刻。蒋勋说:"一般人容易看到被夸张的艺术家对模特儿的浪漫爱情,然而,卡蜜儿却能让我们看到模特儿对画家的爱,安静深沉,不喧哗,不嚣张,充满内心的爱与包容。"在卡蜜儿之后,莫奈的作品便鲜有人物出现了,大自然成了他永久的寄托。他"与自然对话,与自然相处",追逐着光影,直到生命的最后一刻。

他的成名作《日出印象》恰恰是那个时代的一件落选的作品,然而天赋的力量不可阻挡,正是从这里,从这幅落选了的画作,诞生了一个崭新的画派——印象派,它带着一种新生的力量聚拢了不甘束缚的同道脱颖而出,继而影响了法国和整个的美术界。回想昔日保守派媒体评论家的大肆讽刺,他们侮辱一个年轻的画家"不认真学习古典的技巧,只会胡乱涂抹印象",我们是否会联想到今日中国画面临的困境?今日的中国

艺术卷：美轮，美奂

画又该如何正视自我的突破与新生呢？艺术——无论是东方还是西方的艺术，最核心的价值是什么？艺术是可以完全交付于技术和技巧的吗？千篇一律的临摹和构制真的有出路吗？蒋勋说：最好的美术，并不是外在形式技术的卖弄，莫奈的美学是生命深沉的领悟。是的，最好的美术不是美术，是生命自然的挥发与流淌。在他看来，莫奈的干草堆和鲁昂大教堂并无差别，两个系列放到一起，他看到的是佛经对物体成、住、坏、空的领悟。每一个生命都是不同的，每一件艺术品亦不可重复，每一件都带着"那一刻"不可再生的光影和气息。于偶然的契机里受到启发，我的涂抹，也在一点点地接近本性。当然，在外界的评说里可能会出现无数种的感觉，你只需认定你自己的感觉，像莫奈那样，听候自我心灵光影的召唤。

莫奈和印象派的其他画家一起反叛于延续了 N 个世纪的室内作画的传统，将画架移向河边、树下、公园、船上，他让我们看到明丽的阳光，看到塞纳河边富有活力的景致，看到美丽的圣亚德斯海滩，看到平静的阿让特港，看到公园里欢快午餐的男女，看到吉维尼静定绽放的睡莲和日本桥……看着画家笔下生机盎然的大自然和驻留着欢喜的人物光影，看到那一个个动人的时刻跨越了百年时空与我们相见，难道我们不应该感谢他作为一个具有开创精神的艺术家的创造吗？当然，蒋勋有他自己的解读，蒋勋说："莫奈看到光、追逐光、描绘光，但更重要的是他在户外的光里看到了一个新兴城市阶级的出现，年轻、自由、解放、优雅。他要讴歌这个美好的时代。"

无论如何,"他的绘画世界永远晴朗明亮",这明亮似乎越来越感应我。"好吧,人不接受我,我只有回到神。"脑子里不知怎么突然冒出了这样的句子。此时想起萨特,那个受神眷顾的孩子,当年就是在神的感召下脱离了凡俗走向了他的顶峰的。墨守成规没有出路,回到自我独一无二的轨道,才有可能飞奔。

和众多的大师一样,成为大师的莫奈并没有被身上的光环、大师的名衔和外界的褒奖限制和束缚住,他迷恋的只有绘画,他的欢乐来自于绘画本身,他像梵·高和毕加索那样,就是为绘画而来,生命不息,作画不止。

在80岁高龄的时候,莫奈患上了白内障,这对于一个画家来讲是残酷和要命的,就像贝多芬的失聪。然而,艺术仿佛是他们焦灼的责任和不容推卸的使命,失聪的贝多芬在极度的痛苦和几度挣扎中依然创作出了伟大的乐章,一度失明的老画家莫奈也曾凭借记忆和天赋在艰难中摸索,画出生命最绚丽的交响。蒋勋说,艺术家在被判"视觉死刑"的刹那,心灵的眼睛被开启了,他看到了世俗的眼睛看不到的神界之光。受神指引的孩子都能看见神的光,无须追寻。莫奈生命中最后一幅画作——《四季睡莲》,使我感受到了出奇的静美、和谐与安然——那是一种不易抵达和超越的境界,被蒋勋称为"86岁的画家带给世人的最后一首诗",深富震撼力的一首诗。

很开心从蒋勋这里分享到有关"美"的经验,因为他和我一样,是一个将美视为信仰的人。他说:"美其实是记忆的坚持与永续，记忆不可抹杀，记忆能一点一滴累积就是美。"但美不是附庸风雅，不是效仿和膜拜，美是创造，是一种附着了生命激情和能量的独一无二、不可仿制的创造。莫奈为我们做出了榜样。

（《蒋勋破解莫奈之美》，蒋勋著，北京联合出版公司，2015年10月第1版第3次印刷）

2016年11月27日

穿越时光的等待

——读蒋勋《蒋勋破解德加之美》

艺术,是愉快的调剂。合上《四季随笔》,从乔治·吉辛略感忧郁的调子里出来,回到蒋勋的《蒋勋破解德加之美》,为的是让心情随之转换。在不经意的刹那,意外地感觉到阅读的次序里,竟也有着诗的节奏,心情顿时明朗。

继而想到蒋勋这个人,和他解读艺术家的系列作品。我发现,我熟悉的,他的评述大都不足以令人信服;我不熟悉的,他的评述都很美。所以,在我的经验里,读蒋勋是件有意思的事。

对梵·高、高更的解读,时时能够看到蒋勋自己的影子。读过梵·高著的《梵·高艺术书简》之后,再读《蒋勋破解梵·高之美》,便会感到蒋勋的推断并不足信;而读过高更著的《生命的热情何在》,再读《蒋勋破解高更之美》,读至一半,我便感到无味了——艺术家的自我诠释大概总是会超越他人的解读,所以中途搁置了,不知何时接续。他在书中解读米开朗基罗倒是有新鲜的角度,不同于罗曼·罗兰同情、悲悯的笔调,而是从美切入,侧重于艺术家的艺术创造,从而剖开了米开朗基罗作为艺术家的另一面;对莫奈的解读也因强调了与生活的联系而立体、感人——是因为这两位画家没有自传、无以参照,便只好任人评说吗?然而无论如何,无论梵·高、高更、米开朗基罗还是莫奈,他还是让我听到了不同的声音,延展了我思考和认知的维度。历史不可重复,人是独特的,观点亦见仁见智,世间并不存在同一的解读标准,我们每个人都有可能对我们钟爱的人、事、物保有独特的见识,因此不可在是非里纠缠。让新鲜的气息进来,保持生命时刻的清新与愉悦,便是一件美和幸福的事。这,也是阅读的乐趣和意义。

我对德加是陌生的,对他的认识,就从这本《蒋勋破解德加之美》开始吧。

然而打开书中艺术家的插图,进入眼帘的一幅《蓝色扶手椅小女孩》却于瞬间将我拉入往昔的回忆——我与画家其实是有过交集的,在一年半前的美国国家美术馆,这幅作品曾经在众多的作品中引起我的注意,托着后脑勺、躺在扶手椅里的小女孩是那么的悠闲自在、无忧无虑,于自然而然之中,勾起内心美好的情愫。而画家呢?彼时我竟然没有去留意画家的名字——一切伟大的创造,创造者都是隐遁其后,不为所知的吗?——无疑,在面对的刹那,作品的气场超越了作品之外的一切。而如今,以这样的方式与艺术家再次邂逅,感到一种扑面的熟悉。世间常常就是如此奇妙,艺术更是充满了魔幻的可能。然而，当我抚平心绪仔细再看画的作者。——这幅《蓝色扶手椅小女孩》的作者原来并不是德加，而是卡莎特。我竟然两次忽略了他的作者，不管是德加，还是卡莎特，都再次验证了好的、富有感染力的艺术作品有着使人忽略外物的能量。借助网络，我得知这位卡莎特小姐，曾与德加在彼时保持了长达40年的友谊，是毕生独身的德加一生交往最密切的女性——书中插入她的画，是从另一个角度丰富人们对德加的印象吗？

相对于解读的文字，既然自己更为敏感的是画，那就继续从画说起。画，也许是对画家最好的诠释。书中的另一幅《河边》也于刹那间吸引了我，那柔和的黄，温暖和谐之中仿佛带着一种诱惑，使观者的我产生了想要融入的冲动。《绿色风景》中也掺入了如此的笔调，黄绿相间、相融的色彩配制与调和朦胧缥渺，仿佛铺展出了泼墨画的晕染效果——艺术是一种直觉，正如木心所说，艺术都是直观的。在评判一件作品时，只需让我们的感官说话，让美成为权衡与认知艺术品的唯一标准——此时我忽然想到，在这个意义上，我们是否可以不读蒋勋了？哦，也许不，蒋勋也许会给我们提供一个之外的、他自己的视角，而艺术家的作品，的确是了解艺术家最直接、可靠的通道。

画家对人物一定是敏感的，书中穿插了他的很多人物画，从自画像到祖父画像，从《劳拉姑母与贝列里伯爵家族》到《芬尼姑姑和她的女儿》，从《马奈与马奈夫人》到《熨衣女工》，从《马戏团的女特技演员》到《蓝色舞者》，他"关注"了很多人和很多场景，使那些人物和因缘际会在他的画布上鲜

艺术卷：美轮，美奂

活地定格，跨越时空，与今天的我们相会。乃至，此时的我再次沉浸于艺术奇妙的气场与感召中，禁不住对艺术家致以由衷的感谢与敬意。那《蓝色舞者》，在作者的眼中轻盈朦胧，仿佛扇动着天使的翅膀，让我们和作者一起去喜爱和遐想——艺术，总是将人们拉向远方，触摸诗的意境，而此时，一种愉悦在心中悄然升起。

好吧，在写《四季随笔》的随笔之前，恐怕我得先读一读德加了。而《蒋勋破解德加之美》的第一页，作者引用波德莱尔的话："画家，真正的画家，是那些懂得从现代生活里找到诗意的人，他们能以色彩或素描，让人看到或理解我们有多伟大。"这段话与此时我的心境和理解不谋而合。

蒋勋说，德加的绘画，像是一个时代横剖面的缩影。这概括是准确的，从画家笔下的赛马场、咖啡厅、股票交易所、乐团演奏、舞蹈彩排，都能看到这一点，能看到一个时代正在萌发的前所未有的兴奋和热闹景象，而从桌上摆着苦艾酒的女人，从洗衣女工、熨衣女工，仿佛又让人看到繁华热闹的背后落寞和艰苦的一面。工业是把双刃剑，丰富了人们的生活，也剥夺了人们的生活，这变化中不确定的两面都在德加的绘画中得以展现。他让我们看到一个时代。而在画中，他似乎一直在观察，在思考，常常于冷静视角中呈现新的思考。

蒋勋说，德加是一个不好归类的画家。对于在一般人来讲，他通常被认为是印象派的画家，而德加本人却极力反对，宁肯承认自己是写实主义，也不承认是印象派。我们更应该相信画家自己的判断。在我看来，他的作品与印象派确有一些直觉上的隔膜。很多时候，给画家归类的确是荒谬的，如木心所说："文学，哲学，一入主义便不足观。"绘画亦是如此。蒋勋也更看重艺术家的这种孤独性，"孤独者对生命有深层思考，他的创作，除了美术，或许有更多哲学沉思的意义吧"。这从他《自画像》的眼神中，仿佛能够读出来。"德加和印象派不同，他常常是学生的、古典的、庄严的，追求着永恒的信仰……他仿佛总是希望看到生命的更深处，穿透物质表层的繁华闪烁，透视到物质更内在、更本质上的荒芜。"蒋勋在评述其特立独行的品性和介绍这本书时说："艺术创作里的孤独性，艺术创作里保有的纯粹自我，都异常珍贵……中国不是一个容易葆有个人'孤独'的环境，向读者介绍这位特立独行的创作者德加，或许不只是希望跟大众一起思考他的艺术，其实更是希望我们在繁华热闹之余，可以沉静下来，认识一个生命如此孤寂的意义吧。"

蒋勋的分析听上去是有道理的，"德加自己去除了贵族封号的姓氏，他不要做贵族，他抨击保守派，仿佛是一名激进的印象派画家。但是，本质深处，他还是贵族，有贵族无与伦比的讲究与坚持。他可以放弃姓氏中的贵族封号，但他无法放弃美学上贵族的坚持"。或许，这也是他最终与印象派画家断交的根本原因吧。

艺术家的创作离不开生活。这本书将德加的绘画与印象派对比中，在与毕莎特的交集中，在与马奈的交往中去理解和还原，从中寻找解读的密码。同时穿插展览现场的领悟与感受——美国国家美术馆在德加诞辰180周年之际，曾为其举办"德加—卡莎特"大展，巴黎奥赛美术馆和美国波士顿美术馆也曾于2011—2012年联合展出德加的"裸女"系列。尽管解读者作了力所能及的想象和努力，相信德加依然给世人留下了无解的谜。《青年斯巴达》何以终生未完却被他毕生珍藏？《马奈和马奈夫人》中的马奈夫人为何被马奈愤怒地扯碎而永世不得复原？除唯一的一张《未完成的卡莎特肖像》使人们看到了卡莎特的正面外，昔日与画家交往甚密的卡莎特小姐在画家的作品里为何都是以背面出现？而被世人猜测与画家保持了爱情关系的卡莎特小姐在谈起《未完成的卡莎特肖像》时，为何专门写信表示不希望有人知道自己曾摆姿势让德加画？和众多孤独的画家一样，本性并不合群的画家德加和那个时代的人们究竟发生了什么？这一切对他的绘画和心情产生了什么样的影响？这一切，人们似乎已无从知晓。即使蒋勋，在书中也给读者留下了更开阔的想象余地。历史连缀了一个又一个细节。但不是所有的时光都能够解读和还原。画家的幸运在于，他用传世的作品展示他部分甚至全部的奥秘，穿越时光，等待懂得他的人。

（《蒋勋破解德加之美》，蒋勋著，北京联合出版公司，2015年10月第1版第2次印刷）

2017年2月15日

一生充实，可以无悔
——读蒋勋《蒋勋破解达·芬奇之美》

蒋勋破解达·芬奇之美了吗？达·芬奇的美在科学，在艺术，还是在科学和艺术之间、之上的哲学思考？恐怕没有人能够说得清楚。而且美也是一个见仁见智的问题，不同人眼中有着不同的美。正如蒋勋所说："美是一种不可解的着迷，好像到了理性无法分析的状态。"美亦是不可破解的。当然，尽管如此，蒋勋还是给读者提供了一个阅读和欣赏的角度。

在众多的艺术家中，达·芬奇是一个与众不同的人，单从他曾解剖了三十多具人体，留下了小纸片上的六千件手稿，其中不乏各个领域的科学发明而言，就不是所有艺术家能够企及。在文艺复兴时期佛罗伦萨的三位巨匠中，黄永玉对达·芬奇给予了最高评价，认为只有他是天才，称他为"自有绘画以来毫不怀疑的全世界'第一好'的画家"。这个评价并不为过，他以科学的实证精神追求精确和完善，就像他在绘画的草稿中一遍一遍地练习画衣褶，练习运动中每一个动作的准确度一样，他是经过了无数遍的观察、思考和练习才达到了艺术观感上的优美与和谐，才使他笔下的人物呈现出源自内心的情感和神采。

在他的心里，不知道是先有了科学才有了艺术，还是对艺术的追求推动他在科学方面获得成就。除了画家之外，他无疑还是科学家和发明家，在工程设计方面亦有着惊人的天赋。他设计或发明的旋转式起重机、跨越水流的大桥、飞行器、降落伞、潜水船、水闸、武器、运河计划图，都超越了他的时代。而当他完成了类似今日潜水艇的潜水船设计时，他开始反思武器发明带给人类的是戕害还是福祉，于是在这份手稿中他以左手反字锁了码，近代才被解读出来，那是他所加注的：不要让人类利用这项发明，他们到海底屠杀生命是不好的！直至临终，他还叮嘱弟子慎重处理他一生留下的六千件小纸片上的手稿，"那里面包含了五百年来引领人类走向不同领域的科学、哲学和美学的探讨的精华"。但若使用不当，也可能给人类带来灾难——武器的运用不是如此吗？科学给人类开辟了光明的道路，亦有可能将人类引向灭亡。

在科学的引领下，他走向了艺术。而艺术大概是人类最纯美高尚的追求与境界。他的《蒙娜丽莎》征服了全世界，成为最宝贵的艺术品；他的《吉内薇拉·班琪》是美国国家美术馆的镇馆之宝；他的《抱银鼠的女子》《最后的晚餐》《施洗者圣约翰》《圣母、圣子、圣安妮与施洗约翰》乃至他的《自画像》，都是举世名作。

蒋勋对于《蒙娜丽莎》的解读让我的思绪回到几年前的

卢浮宫。彼时正值暑期,《蒙娜丽莎》的展厅里比预期的人还要多,带领我们的法国导游劝导我们不要到拥挤不堪的《蒙娜丽莎》画像前去拥挤,说有一次他带的一名客人钱包就是在这里被盗的。"在严密的警卫、电眼、防弹玻璃层层严密保护下"的画像前的人山人海,比蒋勋描述得还要壮观。但人潮涌动之中,蒋勋想到了,"掩盖在《蒙娜丽莎》的微笑下,只是世人对'美'惊慌的掩饰吧。我们或许极不习惯如此宁静自在的'美','美'使我们手足无措。我们试图用各种破解的方法使自己在'美'的面前有理论的依据。然而,美不需要论证。在经过最缜密的科学论证之后达·芬奇似乎更相信:'美'是一种直觉,但只显现给心地单纯的人"。事实上,这也可能只是蒋勋的美学观。而我,赞同他对美的诠释。甚至恍惚之中觉得,他看到了生命的荒谬感。

他对《最后的晚餐》中的人物尤其是耶稣的把握在我看来是准确的,他说他"一清如水,是他已超越了忧伤,也超越了喜悦"。回看《最后的晚餐》的耶稣,的确是一种勘破了命运的淡定。而在达·芬奇所有关于圣婴、圣母和施洗约翰的创作中,似乎都潜藏着这种命运感。这同样被蒋勋解读得十分透彻。

有不止一处,包括在序言和单独辟出的一节里,蒋勋还将对达·芬奇的解读放到与小说和电影的《达·芬奇密码》中去对照,虽然他说"读小说的读者,姑妄听之,在艺术史领域是不能认真的"。但从这部电影的多次被提及,也可看出他对其是重视的。小说为读者和观者提供了一个想象的角度,但较

艺术卷：美轮，美奂

之于艺术评论，显然没有那么严肃。然而这从另一个方面说明了画家的创作引起了多方面的关注。

　　文艺复兴的时代，也是群星灿烂的时代，尤其是文艺复兴的发源地佛罗伦萨，昔日活跃着众多大师级人物，在同时代人物的交集中，蒋勋只在一处写到了达·芬奇与米开朗基罗的相遇，他说："这短短的天才式的相遇，仿佛遗憾，仿佛误解，仿佛某种宿命的交错，使如此不同的生命形态相遇，却未必能够彼此了解。"人的一生，原本有着很多的相遇，而彼此遭逢的人们，多数在短暂的交集之后各奔东西、不知影踪了。如果两人都是伟人，是强者，都散发着无法掩抑的光芒，那么融洽相处的可能性更是微乎其微，如蒋勋看到的达·芬奇和米开朗基罗，在各自的生命领域中都是巍峨的大山，"他们似乎也无法忍受阻挡自己面前另一座大山的压力"。

　　大师都是孤独的，和米开朗基罗一样，他也在无人比肩的孤独中走完了一生。然而他孤独，却不寂寞。临终时他的遗嘱耐人寻味，他说："一日充实，可以安睡；一生充实，可以无悔。"这，想必会引起许多人的共鸣，也可成为激励后人的座右铭。

（《蒋勋破解达·芬奇之美》，蒋勋著，北京联合出版公司，2015年4月第1版第2次印刷）

2017 年 2 月 17 日

原始的单纯与明亮
——读丹纳《希腊的雕塑》

希腊是一片美丽的土地。"使人心情愉快,把人生看作一个节日。""夏天,太阳照在空中和海上发出灿烂的光华,令人心醉神迷,仿佛进入了极乐世界;浪花闪闪发光……我们就是要在这种漫天遍地的光明之下去想象希腊的海岸……希腊人那种欢乐和活泼的本性,需要强烈的生动的快感也毫不足奇。"也许是希腊民族单纯明快的气质中有着与自己的天然心性相接近的元素,也许是丹纳的这本《希腊的雕塑》被傅雷翻译并诠释得太过美好了,蓝天碧海,阳光普照,读了几页便使我热血沸腾,产生了对希腊的向往和去希腊旅游的冲动。

以前通过网络和微信,曾经看到过希腊鲜花映衬下通体蔚蓝的独特建筑,刹那间曾产生过强烈的好奇和浪漫的联想,而丹纳和傅雷在《希腊的雕塑》中更是将明净大海边孕育出的希腊人的性格、气质和神韵描绘得活灵活现,感觉如此亲切,顷刻间让我对这个民族产生了无限好感。

艺术卷：美轮，美奂

希腊境内没有一样巨大的东西。便是大海吧，也像湖泊一般，毫无苍茫寂寞之感，到处望得见海岸和岛屿，没有阴森可怖的印象。海水光艳照人，用荷马的话说是"鲜明灿烂，像酒的颜色或紫罗兰的颜色"。"知识初开的原始心灵，全部的日常教育就是与这样的风光接触。人看惯明确的形象，绝对没有对于他世界的茫茫然的恐惧，没有太多的幻想和不安的猜测。这便形成了希腊人的精神模子。"希腊人的思想太明确，建立在太小的尺度之上。"包罗万象"的观念接触不到他们，至多只接触到一半。"希腊人的精神结构把他们的欲望和努力纳入一个范围有限、阳光普照的区域。"这种气质使他们把人生看做行乐，最严肃的思想和制度在希腊也变成愉快的东西，"他的神明是快乐而长生的神明"。

欧里庇得斯用诗人的文词描述：厄瑞克透斯的子孙们，你们从古代起就是幸福的，极乐的神明把你们当作亲爱的孩子；你们神圣的乡土从未被人征服，你们从乡土得到的果实就是光辉灿烂的智慧；你们走在阳光底下永远感到心满意足，九个神圣的缪斯在明亮的太空哺育你们共同的孩子，金发的哈尔莫尼亚。丹纳说："在这样的气候中长成的民族，一定比别的民族发育得更快更和谐。""在稀薄，透明，光亮的空气中长大，从小就特别聪明活泼，一刻也不停地发明，欣赏，感受，经营，别的事情都不放在心上。"这性格，是迷人的。

而傅雷在书中也以加括号的形式对这个民族的达观态度作了欣赏性的注释，他说：所谓生命无非是开花结果，此外还有什么呢？民族的本能使希腊人天生是个可爱的理想主义者。"开朗的心情，乐生的倾向，是十足的希腊气质。""在古代的希腊也表现得非常天真，但既不是野蛮人的虚荣的夸耀，也不是布尔乔亚的冒充高雅，摆出一脸骄傲可笑的暴发户样子；而是淳朴的青年人借此流露他纯洁和高雅的感情，因为祖先是美的创造者，他觉得应该做一个名副其实的子孙。"

而这一切，也使希腊的文学、艺术，特别是雕塑找到深刻的渊源和出处。"这些民族都活泼，轻快，心情开朗。残疾人也不垂头丧气：他看着死神缓缓降临；在他周围，一切都笑靥迎人。荷马与柏拉图的诗篇之所以有那种恬静的喜悦，关键就在于此。"神学家式的诗人荷马在他的天国中漫游，"那种自由和那种平静的心境活像儿童在游戏"。

在希腊人身上，穷根究底的推理家成分超过玄学家成分，他们喜欢做细微的区别，巧妙的分析，精益求精，这在柏拉图《巴门尼提斯》和《诡辩家》两篇对话录以及亚里士多德的《问题录》中有所体现。转移到文学方面，便形成所谓阿提卡趣味：讲究细微的差别，轻松的韵味，不着痕迹的讥讽，朴素的风格，流畅的议论，典雅的证据。

希腊人注重自身的和谐与健康发展，常常集一二十种才能于一身，而不使一种才能妨碍另一种才能。加上对美和欢乐的天然敏感与热爱，他们在艺术领域有自己的独特建树。"我们对希腊艺术只是留着一个总的印象，这印象与民族精神完全一致，效果很像一个快活而鼓舞人心的节会。"

艺术卷：美轮，美奂

"他们从不想到为了敬神需要苦修，守斋，战战兢兢地祷告，伏在地上忏悔罪过；他们只想与神同乐，给神看最美的裸体，为了神而装点城邦，用艺术和诗歌创造辉煌的作品，使人暂时能脱胎换骨，与神明并肩。希腊人认为这股'热诚'便是虔诚。"他们对待社会生活也像对宗教生活一样轻松，他们拿盟邦的钱装饰自己的城，叫艺术家盖神庙，造剧场，做雕像，设计装饰，筹备迎神赛会；他们每天把公众的财富供自己享受，阿里斯托芬用挖苦政治与长官的喜剧给雅典人消遣。他们颁布法令，凡是提议把用作赛会的款子移一部分作军费的人，一律处死。而需要装配舰队出海的时候，不是毫无行动，就是行动太晚；相反，为了游行和表演倒是准备充分，有条有理，执行正确又准时。这份对艺术的天然亲近和对战争的天然疏远难道不是人类的正常心态么？我赞同丹纳所说：他们和自然生活更接近，少受过度文明的奴役，所以他们更接近于本色的人。

丹纳说，希腊人是世界上最伟大的艺术家。他们的精神活泼可爱，他们的创作只是为发泄他们新生的、过于活跃、突然觉醒的机能。从希腊人性格中可以看到三个特征：感觉的精细；力求明白，懂得节制，讨厌渺茫与抽象，排斥怪异与庞大，喜欢明确而固定的轮廓；对现世生活的爱好与重视，力求愉快。这三个特征正是造成艺术家的心灵和聪明的特征。他特别提到希腊人的散文："和他们的文体相比之下，别的文体都显得浮夸，笨重，不正确，不自然。"这不由得又引起我对希腊散文的兴趣。希腊的诗歌也有它独特的形式与气息,"我们的文化把诗歌变成两个人之间倾吐心腹的东西。希腊人的诗不但高声宣读,并且还在乐器的伴奏声中朗诵和歌唱,并且用手势和舞蹈来表演"。希腊的诗人将自己限定在一个看得见的范围之内,那是人的经验在每一代人身上都能重新看到的,他不越出这个范围,现世对他已经足够了,也只有现世是重要的,而现世就是一个阳光普照的世界。性格和作品中的这抹亮色无疑给希腊和希腊人又平添了许多魅力。

谈及希腊的建筑,丹纳说希腊的建筑物在雄健的气概之外还有潇洒与典雅的风度,在书中他也谈及希腊建筑的色彩:"施在屋外的彩色,朱红,橘红,蓝,绿,淡土黄,以及一切强烈或觉着的色调,像在庞贝那样联在一起,成为对比,给眼睛的感觉完全是一种天真的,健全的,南国风光的快乐情调。"

正如该书被命名为"希腊的雕塑",它将雕塑作为希腊重要的艺术形式加以阐述。我不知道希腊雕塑能否代表雕塑的最高成就,但几年前在北京中华世纪坛看到的希腊雕塑展让我大开眼界,作品的精美到了令人惊叹的地步,从表情、动作到衣褶、布纹,都生动完美,无可挑剔。陈列于卢浮宫的断臂的维纳斯作为希腊雕塑的代表,更是为世人瞩目,成为艺术美的典范。当我们了解了希腊人追崇美的历史,因此认为希腊的雕塑达到无可企及的艺术高度是理所当然的了。

丹纳说:"重视血统的风俗,教育的效果,和普遍爱美的

艺术卷：美轮，美奂

风气，是希腊一切完美雕塑的渊源。"雅典挑选最美的老人在雅典娜庆祝大会中执树枝，伊利斯挑选最美的男子向本邦的女神献纳祭品，在斯巴达的基姆诺班提斯大会中，凡是身材不够高大，仪表不够高雅的将军和名人，在游行的合唱队伍中不能居于前列。希腊人对于美，有着天然的、源于骨子里的热爱。"他们体会到人类所能感受到的最深刻最崇高的乐趣，觉得自己长得俊美，满载着灵光，超脱了凡俗的生活。"达到那个至高无上的所谓狂喜的境界，与神合而为一。而且希腊十分注重体育锻炼，健壮的体格，在古希腊曾经是出身和教养良好的象征。由此可知，他们的雕塑有着独特的美，身体各个部分脉络贯通，一气呵成，到处显出生命的活力，"和一朵花的生命同样自然同样朴素"就不足为奇了。他们远离痛苦、纠结和彷徨，远离现代社会过度的刺激和不满足，希腊人和希腊艺术从思想感情到趣味都表现出通体的单纯。"靠着这种希腊人的气质，希腊的雕塑臻于尽善尽美，真正成为他们的民族艺术；因为没有一种艺术比雕塑更需要单纯的气质，情感和趣味的了。"

丹纳说，希腊是从一个原始而经久的模子中脱胎而来，原始的单纯与明亮难道不是人类永久追求与向往的方向么？下一站，我真的想要去希腊。

（《希腊的雕塑》，丹纳著，傅雷译，上海书画出版社，2011年5月第1版第1次印刷）

2015年12月21日

电影勾勒出的法国底色
——读谢强、严倩虹《漫不经心的传奇——法国电影与电影的法国》

如果就电影说电影,未免会显得贫弱和单调,而这本书的看点正是在于将法国电影放到法国文化和历史中去解读,放到电影与绘画、与文学、与哲学的联系中去解读,这解读便多了一层色彩。其中再穿插些过往的人事和故事,言辞间便又多了一些活脱。

这是一个难得的视角。尤其是作者以大量的笔墨来述说绘画与电影的联系,甚至有时情不自禁地脱开电影专注地去谈论绘画,看得出全然是出于对电影和绘画这两门艺术的双重热爱。正是这双重的热爱,自然而然地使二者发生了联系,并自然而然地将二者融会贯通,在貌似不怎么相干的头绪中理出合理的线索和思绪。这联系有些奇特,但却不显得生硬。在绘画与电影的诸多联系之中,在画家与电影人的诸多行迹之中,作者又敏锐地抓住了画家雷诺阿和他的儿子——电影人让·雷诺

艺术卷：美轮，美奂

阿的故事，通过这两个典型的代表人物来呈现历史，呈现艺术，呈现绘画和电影的走向，呈现时代风潮、人物命运以及彼时法国的人情风物。当然，一百多年前电影诞生前后法国的画家和电影家不止雷诺阿父子，电影的创始人卢米埃尔兄弟、马塞尔·卡尔内、马塞尔·莱比尔、克劳德·勒鲁士、戈达尔、特吕弗、让·维果，画家莫奈、毕沙罗、西斯莱、梵·高、高更、马蒂斯、毕加索等都被作者论及，他们相互影响，交流互动，彼此渗透，在绘画和电影中共同烘托出浪漫典雅的法国气质。

在貌似无关的联系中，作者找出印象派绘画与电影的内在联系，发现印象派绘画直接地见证生活，初生的电影，与之有着神秘的相似性，"'抓住鲜活的自然'是印象派绘画，也是卢米埃尔电影的首要目标"，"看一看印象主义的原则：用色彩塑造空间，光在模仿自然中的核心作用，捕捉视觉瞬间的方式，心眼合一的表现，取景与定位的科学，这些也都是电影创作所遵循的原则"，"光与影，是印象派绘画的关键词，同时也是电影的代名词"。这，应该并非完全出于巧合。

作为法国文化的一个重要部分，法国画家的作品和生活也频繁地出现在彼时的法国电影中，让·雷诺阿的电影作品更是借鉴了其父——老雷诺阿的绘画手法，以至于终生未摆脱老雷诺阿的影响。也许是老画家雷诺阿的光环太过耀眼了，让·雷诺阿在电影上作出了卓绝的贡献，但其影响终未盖过其父亲。"让·雷诺阿的天才之处是在电影中找到了表现他童年时期那些画家和作家价值的最佳方式",但其父亲的影子在雷诺阿的影片中随处可见,他并不愿意给人留下模仿父亲的口实,然而到了晚年,他才意识到自己的努力是失败的:"最后,我在家中把自己的作品全部看了一遍,必须承认我一直在模仿父亲。除此,我什么都没有做。"人毕竟都是有局限的,对于个人而言,这个结论或许有些黯然,但抛开一己的命运和感怀,作者1874年在卡布西纳大道举办的第一次展览和20年后同一条大道举办的首次电影放映之间,隐约看到了雷诺阿父子以及绘画与电影之间的某种承继性:"同一条大道上相距不远的两种划时代意义的展出,展览与放映,绘画与电影,具有如此的渊源,就像画家雷诺阿与电影导演雷诺阿,表明了它们之间的承继与相邻性。"

印象派之后,电影又和绘画一起,经历了不断演变的新的艺术浪潮,本书没有作为论述的重点。

而除绘画之外,文学对电影的影响却是天经地义的,很多电影的脚本就来自文学著作,一大批文学家成为电影的贡献者,普鲁斯特的《追忆似水流年》,雨果的《巴黎圣母院》,海明威的《太阳照常升起》,福楼拜的《包法利夫人》,大仲马的《基督山伯爵》,以及萨特、莫泊桑等众多文学大家的作品被搬上了银幕,"绘画和文学给予电影的恩赐,就像同时给了它骨骼和血肉,以完成第七艺术的塑造"。文学影响甚至决定了电影,电影又以其快速传播的方式和容易被大众接受的特点而回馈了文学。这种情态,延续到今天。

艺术卷：美轮，美奂

可喜的是，咖啡馆作为法国人最爱光顾的地方，被作者作为单独的一章列出来，以期以小见大，从日常生活的视角观察电影、绘画、文学、艺术，观察文学、艺术家和电影人。"'不在家，就在咖啡馆；不在咖啡馆，就在去咖啡馆的路上。'这一句流传甚广的咖啡广告语，用来形容法国人的咖啡馆情结倒是贴切。"如果说美国流行的是可乐文化，法国流行的就是咖啡文化，而最早的法国电影就是在咖啡馆播放的。除了卢米埃尔的老父亲在一百多年前尝试播放世界第一部电影的老咖啡馆，作者将巴黎与电影有关的咖啡馆一一搜罗出来，挖掘其中的故事娓娓道来，于细节处生动再现了巴黎咖啡馆的人文图景。"巴黎的咖啡馆一直是城市的公共休息室，人们在这里会友、阅读、写作、谈论哲学、调情、恋爱。花都的香，不仅有花香、香水香，更多的是咖啡的香。"画家、咖啡馆、电影之间更是有着千丝万缕的联系，单纯围绕画有《夜间咖啡馆》《夜晚露天咖啡座》的画家梵·高的电影作品就有《梵·高传》《梵·高与提奥》《梵·高》《梵·高：画语人生》等许多部，"作为历史的一部分，这些咖啡馆见证了许多伟大艺术家和作家们的传奇时刻和日常生活。我们知道，咖啡馆就是巴黎的一种生活方式"，是生活方式，是电影表现的一部分，也是法国文化最为鲜活的内容。

谈及电影，作者当然不会忽略尼斯、戛纳、里昂、巴黎、诺曼底，以形象的笔墨传达出这些与电影有着深刻渊源的城市的鲜明特点和气质。"尼斯可以说是为电影而存在的。""作为诞生尼斯画派的海滨城市，尼斯一度是法国当代艺术最重要的发源地。""电影从未离开过巴黎，就像巴黎从未离开过电影。""作为电影的故乡，里昂似乎被遗忘在一个世纪以来的电影大梦中。""被文化概念架起来的城市——戛纳。""这个不到七万人的小城，融合了传统与时尚，以自己的节奏悠然前行。""以舒适为主、不追求豪华的生活品位是诺曼底几代人积累而成的。"戛纳电影节，诺曼底三宝，那些闪耀在领奖台上璀璨夺目的导演、明星，都再现了法国电影的辉煌。

而生于里昂，长在巴黎，走遍了法国和全世界的法国电影终究有其独特的气质。"与好莱坞擅长的大主题、大抱负的影片相比，法国电影更倾向于小主题，生活化的题材更真实、更有力。"相对于好莱坞大片的宏大叙述，作者强调了法国电影的日常性、品位与趣味，即使将其拿到哲学的高度予以评说，也能找到深刻的理论根源，"法国哲学与电影的关系，首先在于它是一种实用哲学，指导普通人更加了解自己的生活，而法国电影的传统也是追寻生活的真谛，以影像的方式呈现平凡的思考"。

平凡，但不平庸。法国导演和法国观众一样，有着鲜明的理性和个性追求，自立的口味、自主的文化操守有很强的生命力。"法国电影让人自负，美国电影让人自卑，这就是平庸与传奇的作用。不过法国观众例外，他们分享的是平庸的传奇，而不是传奇的平庸。""有些观众不一定忠诚于电影的类型,但非常忠诚于电影的审美标准,只要看电影,必选择和自己品味相符的电影。个性选择,厌恶趋同是法国电影观众的一个明显标志。"而法国导演看重自己的作者身份,法国政府也大力支持艺术片,这些都说明法国没有完全把电影当商品,商业定律不适用于法国电影。"法国电影也确实因为品位而牺牲了市场,法国电影人追求的回报不仅是金钱还有审美,这比只追求票房回报率的商业电影更难。"

  法国电影中还显示着独立、自信、开放的心态。"它有一个中世纪、一个文艺复兴、一个大革命和一个帝国,以及一次衰败。法国是完成了自己使命的国家,独善其身的国家。"法国电影也是如此。"法国地理上的优越感传染给了法国人,使得他们的本性中从没有自卑感、血液中也没有危机感。"较之于迫切需要走出去、被了解和认同的文化,法国电影没有太多走出去的冲动,但有足够的勇气接受外国电影,戛纳电影节为其象征。"法国人的日常生活和文化生活没有过多地被美国化,法国人对美国电影更多的是好奇,而不是影响和渗透。在这一方面,法国电影很像法国流行音乐,法国是发达国家中唯一能使流行音乐保留民族特色的国家。"也许是基于这些原因,这本书被称为"两位电影媒体人向电影与电影文化的致敬之作"。迷乱中不丧失自我的文化,才是真正强大并被世人尊重的文化。

  法国电影同时流露着浪漫的感性气质。"法国电影有自己的文化土壤,可以自娱自乐;法国电影有自己的吸收系统,可以自给自足；法国电影导演有自身独特的关照视角，喜欢以小博大，这就是法国电影所散发出来的独特的感性气质。"法国电影的主体是感情生活。"法国人是为爱而生的，活着就要爱，爱要自由和平等，这些都是法国艺术影片的主题。"法国影片表达的是自由、平等、博爱的法国精神。"一个艺术的国度，感性几乎是必然的标签。除了对待情感的态度，以自由、平等、博爱为己任的法国人，在文化艺术的创造上，也是处处流露出感性的气质，其唯美品位、生活乐趣与永不满足的创新精神，推动着这个艺术国度或快或慢地发展。法国电影的发展历程，就是其某种程度上的一个佐证。"

当然，作者也不止一次提到法国电影台词的絮叨，然而即使是此时，似乎也难掩作者对于法国电影的热爱，"我们都曾因法国电影的絮叨而厌烦，也都因法国电影的多样斑斓而欢喜"。在他们看来，法国电影台词的絮叨是可追溯的："巴黎人的谈话艺术闻名于世，其对话和辩论方式来源于17和18世纪法国贵族沙龙的传统，华丽的思想碰撞和交流成为社交模式。法国人这种爱说话爱争论的国民性也就成为法国电影的典型特征。"

这本书涵盖了太多的信息，列出了太多电影的名字，以电影为切入点，勾勒出了法国的人文底色。如果不是专门做过电影研究，如果不是在法国生活过相当的一段时间，如果不是对文学和艺术有着由衷的热情和热爱，相信无法达成。而《小王子》《泰坦尼克号》《天使爱美丽》《拯救大兵瑞恩》等不

艺术卷：美轮，美奂

多的几部电影之外，书中所列绝大部分电影的名字对我来讲都是陌生的。

（《漫不经心的传奇——法国电影与电影的法国》，谢强、严倩虹著，重庆出版社，2015年3月第1版第1次印刷）

2016年8月27日

诚实善意成就精彩
——读罗斯金《艺术与道德》

这本书是罗斯金决定在大学引进"一种新的教育元素"时所作的一系列讲座，涉及艺术与宗教、艺术与道德、艺术与效用、基督教艺术史和油画史。在讲座中，他表达了不同于世俗的艺术见解。而在 1887 年修订版前言中，他则说，这些讲座是他文学作品中最重要的部分。

开篇他就表达了与众不同的观点，认为教育从最深层意义上讲，不是使人平等，而是使人觉醒；智慧和儒雅非但不是聚敛财富的工具，学习智慧和儒雅的第一课反而应是鄙视财富、散播财富。"即使受到最好的训练，有些人依然会因太过自私而无法拒绝财富，而有些人因太过愚笨而无法享受闲暇。"剖析英格兰艺术的现状，他认为商业扩展和对外交流的增多导致的直接结果，是更加希望通过销售艺术扩大财富，而不是通过获得艺术品而增加自身的愉悦。因此，要通过引导来培养健康的兴趣。同时他反对模仿，认为必须要创造真实的英国作品。这和丹纳在《艺术哲学》中论及的艺术的民族性是一脉相承的吧？他阻止学生去欣赏一个缺乏自然感情的华丽事物，让学生逐步获得甄别正误的直觉，在他看来，要培养学生的艺术品位，促使他们创作出个性高远的作品，只需将最纯真的希腊艺术作品或最强有力的意大利艺术作品摆放在他们面前就可以了。

在《艺术与宗教》中，他认为伟大艺术的目的，不是为了给人类生活提供支持，就是为了使其愉悦，通常两者兼具。艺术的最大作用是创造出关于高尚人的真实形象。要提防宗教的自大和科学的自大造成的无知，宗教的自大认为神性的本质可以由罪恶来定义；科学的自大认为神性的力量可以靠科学分析来解释。"最好的艺术是善行的工作"，而不是为谁所用、为谁服务，认为艺术为谁服务是艺术最致命的功能。他批评跟风、从众，反对偶像崇拜，"考虑一下艺术是如何追随大众的崇拜的。我们有数不清的天使和圣徒的画像，有数不清的卑鄙的献媚者和残暴的国王的画像。多么少！多么少的是（但是这些，请看，几乎总是最伟大的画家的）最好的人或他们的作品。"真正的宗教性佳作，就是那些暗示和修正了真实人物的存在概念的作品，如拉斐尔的《椅子上的圣母》《西斯廷圣母》，收藏于德累斯顿的霍尔拜因的圣母像以及提香的《圣母升天》，好的作品都怀着崇敬之情，在崇敬中获得生命的欢乐和力量。

在《艺术与道德》中，他说，若想精准地表达云雀的歌唱,你既要有纯粹的欣喜,又要能完美地表达。"从高到低,艺术的精致程度,是它所展现的道德之纯净和情感之庄严的指标。"相由心生,画如其人,"你不可能光凭绘画或唱歌就成为好人。你得首先是好人,然后才绘画或唱歌,之后这颜色和声音将在你身上成就最好的品质。"一个人的作品是他本色的呈现,灵魂的副本,"真正优秀的文学作品或绘画作品就是因其优秀而高贵的。如果创作的作品的确拥有纯粹的价值,也是来自一个拥有纯粹价值的灵魂","对美的热爱最强烈的人一直都是有爱心的,热爱正义,是最早看到并宣告对人类的幸福有益的事情的人"。在他看来,一个国家的艺术是一个国家道德状态的说明。诚实善意是成就精彩的关键。然而,令他遗憾的是,"即使最粗糙的艺术创作都很少去尝试创作民众的图画,而大量的民众一直生活在相对无知但荣耀和喜悦的状态里"。

至于他在《艺术与效用》中的一些观点,应该说见仁见智。比如他说艺术的全部生命力都在于其真实性或实用性,艺术品绝不可能单独存在,绝不会只为其本身而存在,必须具备技艺和美感,还要具备真实性和实用性。"你会发现绘画艺术富有创作技巧、美感和相似性;而建筑艺术富有创作技巧、美感和实用性。在每一类艺术中,这三点都必须相互平衡、相互协调。"我知道,以反对美、挣脱美、超越美,摆脱艺术的目的性为追求的美国现代艺术的代表人物杜尚就会出来反对他,杜尚打破传统的艺术规则和思维定势,给蒙娜丽莎按上胡须,将抽水马桶拿到艺术展上去参展,这些行为的本身也超出了罗斯金的理解和接受范围,然而却被杜尚的采访者卡巴纳认为是"无染无着真风流"。而谈及希腊艺术,罗斯金先生又说:"我不如其他人那般喜爱希腊的艺术,但仍然爱它们,也十分喜欢希腊,我只是不明白学者如何能容忍这些艺术长达几个世纪,这简直是奇迹。"仍然是见仁见智,我知道丹纳会出来反对他,然而在这点上,他又与杜尚相像。但他的这句我是赞同的:"艺术不会从迁徙获得,而是通过美化我们的居住地并居住在那里的过程获得的;艺术不是靠竞争来学习,而是在自己的路上尽最大努力来获得的;艺术不是通过展览获得,而在于你们是否正确、如实地创作,不管这个作品是否会展出。总而言之,人们不能为了骄傲或是金钱去创作,而必须为了爱去绘画和建筑,为了对艺术的爱、对邻居的爱,或者在此之上更多的爱。"

(《艺术与道德》,罗斯金著,张凤译,金城出版社,2012年10月第1版第1次印刷)

2017年4月16日

探寻艺术的本质
——读丹纳《艺术哲学》

一

在傅雷家书中，苦口婆心的傅雷先生曾给远在欧洲的儿子傅聪推荐丹纳的这本《艺术哲学》，而这书也是大翻译家傅雷先生亲译的。

艺术哲学，给我打开了新的见识。它探寻艺术的本质、特性、规律以及艺术家和艺术品的等级，为我提供了一个新的思考角度，给予我很多新的启发。丹纳以自然界为参照去看待艺术发展，按照植物生长的规律去推演艺术，得出一些重要而新颖的结论。

丹纳认为，艺术品有其独特的个性，艺术家不是孤立的，无法脱离其所处的时代和环境，艺术大家的产生不是偶然的，达·芬奇、卢本斯、莎士比亚，都只是他们那个时代艺术的枝蔓中最美的一根枝条。而艺术品的本质则在于把一个对象基本和重要的特征表现得突出而完全。"艺术品的目的是表现某个主要的突出的特征，也就是某个重要的观念，比实际事物表现得更清楚更完全；为了做到这一点，艺术品必须是由许多互相联系的部分组成的一个总体，而各个部门的关系是经过有计划的改变的。"艺术是"既高级又通俗"的东西，要能把高级的东西传达给大众，这要借助于艺术家必备的天赋。

在丹纳看来，先有天才和高手，后有艺术家，正像先有植物的种子，然后才会发芽一样。然而时代趋向却始终占着统治地位，群众思想和社会风气的压力，给艺术家定下一条发展的路，不是压制艺术家，就是逼他改弦易辙。这在中国似乎不难理解，历史上多少文人、艺术家迫于环境的压力收起自己的笔墨一度改弦易辙呀！丹纳得出结论："不管在复杂的还是简单的情形之下，总是环境，就是风俗习惯和时代精神，决定艺术品的种类；环境只接受同它一致的品种而淘汰其余的品种。"继而他用各个时期建筑、绘画、文学领域的大量例子去佐证这个结论，同时也论述不同时期文学和艺术的不同特点，证明"不论你们的头脑和心灵多么广阔，都应当装满你们的时代的思想感情"，作品与环境必然完全相符，"不论什么年代，艺术品都是按照这条规律产生的"。

丹纳为进一步阐明自己的论点，他单章着重讲述了拉丁民族中一致公认的最优秀的艺术代表——意大利文艺复兴时期的绘画和日耳曼民族最优秀的代表尼德兰绘画，以及"最伟大最有特色的一派"的代表——希腊的雕塑，其间不时掺杂着新的观点。

在丹纳看来，意大利文艺复兴时期的艺术处于艺术抽芽期和艺术凋谢期之间的短短五十年间，而意大利绘画之所以采取如此的途径，产生如此的成就，首先应归因于"民族的和永久的本能"。意大利人的想象力是古典的，受外来影响较小，或者说，抵御外来文化的能力较强，因而在建筑、绘画等很多方面保留了自己的风格和民族特性。比如意大利画派不重视风景，题材主要是人，"文艺复兴时期的意大利画家创造了一个独一无二的种族，一批庄严健美，生活高尚的人体，令人想到更豪迈，更强壮，更安静，更活跃，总之是更完全的人类"。即使在日耳曼民族南侵的形势之下，意大利的建筑还是其古代风格，即便是在改变风格之时，也保存原来的趣味，采用坚固的形式，窗洞不多的墙壁，装饰简单，喜欢天然的明亮的光线，充满刚强、快乐、开朗、典雅自然的气息。而就艺术与才能的关系，他也得出结论：艺术是影子，才能是本体，艺术始终跟着才能的诞生，长成，衰落。艺术的各个部分和整个进程都以才能为转移。它是艺术的必要条件，艺术有了它就能诞生。

其次要符合欣赏和制作一流绘画的条件。首要的，就是要有教养。"要看了有所领会，觉得愉快。"与此同时，还要保持精神的平衡。意大利的绘画"好比马的奔跑，鸟的飞翔，完全出于自然"。而相比之下，德国人太多的玄想妨碍图画的

艺术卷：美轮，美奂

艺术；英国的现代画家"画的干草，衣褶，灌木，都非常枯燥，繁琐，令人不快"；巴黎虽然是"目前世界上最喜欢谈天和读书的城市，最喜欢鉴别艺术，体会各种不同的美"而且被认为是生活最有趣，最有变化，最愉快的城市，尽管法国的绘画胜过别国，但连法国人自己也承认比不上文艺复兴时期的意大利绘画；而作为现代人的我们，已经不是自然而然成为画家的了，"我们脑中装满混杂的观念"，这都在妨碍艺术的发展。

  在这一节中，丹纳带出另一个判断：要产生伟大的作品必须具备两个条件：第一，自发的、独特的情感必须非常强烈，能毫无顾忌地表现出来，不用怕批判，也不需要受指导；第二，周围要有人有近似的思想在外界时时刻刻帮助你，使你心中的一些渺茫的观念得到养料，受到鼓励，能孵化，成熟，繁殖。"才智之士聚在一起才最有才智。"而当国家从天真的工匠一变而为彬彬有礼的绅士，铺子和学徒的制度被画院代替，艺术家不再自由放肆，诙谐滑稽，不再于游戏和神侃中创作而变作机警、虚荣、卑躬屈膝、谄媚奉迎的伺臣，绘画就丧失了原始的活力，开始衰落和变质了。

  尼德兰绘画作为日耳曼文化的杰出代表，显示了日耳曼人的突出特性。那是长期形成的民族性和由习惯推演出来的民族本能。处于北方恶劣环境的日耳曼人不同于意大利人和法国南方人的简单活跃，谈吐自如，优雅大方，他们感觉迟钝，但沉着安静，具有持久的忍耐力。拉丁民族重形式和感官的愉悦和刺激，日耳曼民族则重本质、真相和内容。截然相反的天性使两个民族产生了不同风格的艺术，以及体现不同精神修养和趋向的艺术品。丹纳说，艺术家的眼睛对形体与颜色必须特别敏感，必须不经过教育和学习，看到各个色调的排比觉得愉快，视觉必须敏锐，红色和绿色能产生丰富的共鸣……一个想做画家的人应当看到这些景象乐而忘返。"因为这个缘故，德国和英国没有产生第一流的绘画。"在德国，纯粹观念的力量太强，没有给眼睛享受的余地。而英国人气质太好斗，意志太顽强，思想太实际，太冷酷，太忙碌，太疲劳，没有心思对于轮廓与色彩的美丽细腻的层次流连忘返，作为消遣。唯有法兰德斯人和荷兰人为了形式而爱形式，为了色彩而爱色彩，"真正的艺术，摆脱哲学意向，不走文学道路，能够运用形体而不受拘束，用颜色而不流于火爆的绘画，只存在于他们和我们国内"。重真实和内容的本能贯穿在他们的宗教、文学、艺术，尤其是绘画之中，这个特点使他们与受着同样风土滋养和审美教育的威尼斯画派区别开来，以卢本斯为代表的尼德派画家从阴暗的调子中找到新的和谐，这一点从荷兰画家伦勃朗身上亦能找到共鸣。

　　法兰德斯的艺术表现的是法兰德斯的心灵，当法兰德斯的画家取法意大利和罗马的时候，他们的艺术开始衰落了。"画家从罗马回来，想继续走意大利艺术的路，但周围的环境同他所受的教育发生抵触；他没有生动的现实刷新他的思想感情，只能靠一些回忆。"意大利绘画健康活泼的人体和超越时

艺术卷：美轮，美奂

间、地域的为求美而简化的现实与日耳曼及法兰德斯的民族性是最抵触的，"法兰德斯的画家一朝受到完全相反的规则束缚，只会丧失他原有的长处，而并不能获得他所没有的长处"。然而即使他所受的教育也无法完全泯灭他的民族性，在勉强模仿意大利的风格之下，也会露出法兰德斯民族的痕迹。在丹纳看来，外来影响是暂时的，民族性是永久的。民族的本能在外来势力的风气之下依旧存在，只要有大的波动作为助力，它会重新占上风。

　　荷兰艺术也是如此，当其思想不再依附外来的思想，他所发现的是他自己的感觉，他敢于信任这个感觉，跟着这个感觉前进，不再模仿，而且取之于己，在创新之时只听从感官和内心的嗜好，艺术就迎来了鼎盛的时期。在荷兰艺术家中，超越了民族界限和时代界限的画家有两位，一位是拥有细腻心灵并接受过高深教育的拉斯达尔，一位是拥有与众不同的眼光和泼辣豪放天赋的伦勃朗。他们的绘画亦与意大利绘画表现出截然的不同，希腊人和意大利人只看到人和人生的最高最挺拔的枝条，在阳光下开放的健全的花朵；伦勃朗看到底下的根株，在阴暗处建立和谐。当有一日荷兰人忘记了他们天生的趣味和独特的才能，他们的绘画也走向了同样的没落。

　　希腊的雕塑作为"最伟大最有特色的一派"，深受丹纳推崇，被他描画得鲜明而唯美。这个章节曾经被作为同名的书呈现给读者，我在早些时候读过并做过笔记，大致说来，面对碧海蓝天、生活在明媚群岛中的希腊人聪明，入世，单纯，明亮、健美，具有欢乐活泼本性的他们需要强烈生动的快感，视人生为游戏，一切为我所用，其感觉的精细，观念的明确，对现世的爱好，都渗透在他的艺术作品中，其集朴素与华丽于一身的境界，是现代人难以抵达的——他们和自然的生活更接近，少受文明的奴役，更接近本色的人，平衡而简单的心灵状态造就了其和谐完美的艺术——"靠着这种气质，他们的雕塑达到尽善尽美之境而真正成为他们的民族艺术；因为没有一种艺术比雕塑更需要单纯的气质、情感和趣味的了。"而"我们的民族一开始就得到太多的东西，把头脑装得太满"，所以今日的我们不得不回过头来向他们去求范本。对美的极致崇拜产生了永远的维纳斯和博物馆里轮廓俊美的希腊少年，而这些遗留下来的残缺的作品才只是希腊艺术璀璨明珠中的一粒两粒，彼时的希腊艺术是希腊人生活、生命乃是血液的一部分，是天然的流露。

绘画之外，希腊人的诗歌、舞蹈、歌剧等一切的艺术形式也都更自然、更豁达、更开阔、更辽远、更有超脱的气质与情怀。他们不需要舞台，不需要人造的背景，近处的海洋、远处的大山都是他们天然无瑕的背景，他们的艺术、他们的环境和他们明亮欢乐的气质浑然一体。那是一种和他们的艺术一样美妙、愉快的感觉，这种感觉影响了千百代人，直到今天，依然是典范。

在"艺术中的理想"一章中，丹纳谈及艺术家和艺术品的等级，认为真正天才的标识和其独一无二的光荣，在于脱离

艺术卷：美轮，美奂

惯例与传统的窠臼，另辟蹊径；而作品经过了千百年的淘洗依然得到一致的评价，这个作品才经受住了考验，具有了较高的价值等级。艺术品等级的高低取决于它表现的历史特征或心理特征的重要、稳定与深刻的程度。"在自然界的顶峰是控制别的力量的最强大的力量；在艺术的顶峰是超过别的作品的杰作；两个顶峰高低相同，最高的艺术品所表现的便是自然界中最强大的力量。"一件作品越能表现某个显著的特征并使其居于支配一切的地位，它就越完善，是特征不变性的大小，决定了特征等级的高低，可变性越小，稳定性越强，就越重要。特征等级的高低取决于特征存在的久暂，取决于同样的破坏因素袭击时，保持完整的程度以及抵抗的时间长短。最稳定的特征，是最基本、最普遍，与本体关系最密切的特征，是一切智力活动所共有的特征，它更接近本质，在更大范围内出现，占据最重要的地位。作为艺术表现的对象，时髦风尚是最为肤浅、生命最为短暂的特征，会随着流行的消失而消失，这可以解释某些畅销书寿命的短暂；民族性以及种族性却是潜藏于深处、不易改变的"原始地层"，同民族的本能与才具一起发挥作用，使杰出的产生成为可能性。一部书的精彩程度取决于特征的稳固程度与接近本质的程度。一部热闹非凡的流行作品，或者在某个时期内被捧为杰作的作品，未必就是可以传世的经典。就雕塑而言，列入最低级的是不表现人而表现人的衣着，尤其表现时髦衣着的艺术家，"在运用文字的新闻记者之外，他是用画笔的记者；可能他很有能力很有才气，但他只迎

· 104 ·

合一时的风尚；不出二十年，他的衣着过时了"。包括画意极少而文学意味很浓的英国画家，在这个方面也是走了弯路，作家首先应当创造活的心灵；雕塑家和画家首先应当创造活的身体。艺术上各个时代的等级便是以这个原则来定的。意大利文艺复兴时期的绘画、雕塑即是以深入地描摹和刻画人体取胜的，大画家表现出了用人体创造出一个种族的天赋。伟大的作品表现深刻而经久的特征，是历史的摘要，表现一个时期的主要性格，一个民族原始的本能、才具与特性，或者普遍人性中的某个片断，人类共有的感情。越是伟大的艺术家，越是将他本民族的气质表达得深刻而淋漓。因此，当我们置身于林林总总的作品之中，不要被时下的乱象所迷，交给时间去检验。

　　艺术品的等级取决于对特征表现的等级，而特征的有益程度亦会对作品施加影响。对艺术家而言，有益的特征是微妙的感觉，敏锐的同情，事物在内心自然而然的再现以及一触即发的独特领会，应具备一些特殊才能，比如对爱的感悟力，在我们所要建立的等级上，就居于重要的地位。文学价值的最低等级是写实派文学与喜剧钟爱的典型，倘若狭隘，平凡，愚蠢，自私，懦弱，庸俗的人物数量很多且占据主要地位，读者会感到厌倦、疲劳甚至恶心；深刻的文学作品把人性的重要特征，原始力量，深藏的底蕴，表现得比别的作品更透彻；理想的文学作品中的理想人物只能在原始和天真的时代大量诞生；而最高处的文学作品是救主和神明，是希腊的荷马史诗，印度的吠陀颂歌，是古史诗和佛教传说，在这个阶段上，人改变了容貌，显示出充分的伟大，他不受限制和约束，"凡是他的幻想所能想象的，都靠着信仰实现了。人站在高峰的顶上；而在他的旁边，在艺术品的峰顶上，就有一批崇高而真诚的作品，胜任愉快地表现他的理想"。就人而言，体格的完整也是有益的特征，表现人体的艺术品的等级，取决于对人体特征表现的完美程度，其中最高的典型是既有完美身体又有高尚精神的人，像米开朗基罗作品所表达的意志的坚强卓越，拉斐尔作品所传递的心灵柔和与永恒的和平，雷奥那多作品透出的智慧的超越与精微的玄妙，皆是如此。希腊艺术更是登峰造极，"一种更天然再朴素的文化，一个更平衡更细腻的种族，一种与人性更合适的宗教，一种更恰当的体育锻炼，曾经建立一个更高雅的典型，在清明恬静中更豪迈更庄严，动作更单纯更洒脱，各方面的完美显得更自然。这个典型曾被文艺复兴的艺术家作为模范"。总之，以万物为对象的艺术，不论表现的是万物的内在要素的一个深刻的部分，还是万物发展的一个高级阶段，都是高级的艺术。

此外，特征的效果集中的程度也影响艺术品的价值。特征不仅要具备最大价值，还须在艺术品中尽可能地支配一切，也就是说，一幅画，一个雕像，一首诗，一座建筑，一支曲子，其中所有的效果都应集中，集中的程度决定作品的地位。在大艺术家的作品中会集中凸显人来自天性、不断强化的强烈性格，比真实的性格更有力量，以此构成人物的"底情"，当积聚到不得不发之时，作品即自然流露，喷薄而出。人物之外，情节、风格，都要突出而集中，达成一个强烈而极致的效果，使特征完全处于主导和支配一切的地位，从而也最大限度成就了作品的价值。别的方面都相等的话，作品的精彩程度取决于效果的集中程度。文学的草创时期和终了时期都因效果的不能集中而无法强大和繁茂。草创时期能感受到特征的美而无力表达，终了时期受着陈规惯例的束缚而毫无生气，"这时使艺术低落的乃是思想感情的薄弱。以前培养和支配大作品的伟大的观念淡薄了，消失了；作家只凭回忆和传统才保存那个观念，可是不再贯彻到底"。当引进别的精神，即使形式和从前一样，精神也已经变了。而在这里给我们的启示是，继承形式、手法不是根本，根本还是源自内在虔诚的精神、情感和灵魂。对于一个艺术家而言，离开真情实感的时期，就进入墨守成法和衰退的时期了，那时他就不再创作而是创造了。这个规则在文学史上分出一个文学时期的各个阶段，在绘画史上分出一个艺术流派的各个阶段。就意大利绘画而言，文艺复兴前效果的不能集中是由于艺术家不够熟练，之后的不能集中是由于艺术家不够天真，受渊博之累。"在凋零时期与童年时期之间，大概必有一个繁荣时期。它往往出现在整个时期的中段，一个介乎幼稚无知与趣味恶俗之间的短暂时期。"但无论于何种情形之下，杰作总是一切效果集中的产物，大作家的全部技巧在于追求效果的统一，所谓天才无非是感受的能力特别细腻，但显出这种细腻的，既在于作家所用的方法各不相同，也在于他们的意境首尾一贯。"总之，整个作品从一个主要的根上出发，这个根便是艺术家最初的和主要的感觉，它能产生无数的后果，长出复杂的分枝。"那是一种本我的基调。

整部书耐人寻味，给予我许多有益的警示和启迪，让迷恋艺术的我受益匪浅。

2017 年 3 月 19 日—21 日

二

读完《艺术哲学》，也写完一篇读书随笔，但总觉得它还有更丰富更深刻的内涵需要我进一步思考。

从个人写作和绘画的角度，《艺术哲学》也给予我重要启示。

首先，关于衰落。当一件作品按照既定的套路轻车熟路地被炮制出来时，或许它已经脱离了鲜活的感情，丧失了本能的冲动，陷入了一种固有的模式，是在墨守成规中创造而非创作了。这时，已经到了盛极而衰的时候。比如画家，如果翻来覆去就那么几幅画，一个套路，同一个题材画出无数张，张张如此，那么，其发展空间已经很有限了。这对自己也是一个重要的提醒。就写作而言，比如读书随笔，一篇篇于第一时间写出来，虽都是有感而发，但久而久之，是否也应提醒自己提防内容、形式乃至思维的固化？最重要的，是要提醒自己千万不可被"写"束缚，不把它当成任务。不为写而写，也不为出版而写，若是为写而写或为出版而写,那么写出来的东西必然会欠缺一份由衷,同时也会失去一份应有的乐趣。绘画也是一样,要提醒自己谨防因在一种套路里按照惯性创作而丧失鲜活的感悟,让水流动起来,而不是静止,要有突发的欣喜,而不是先验的预知,要用好奇的心灵和新鲜的视角去感受物象,而不是按照经验如法炮制,行所当行,止所当止,顺应自然和自我心性,有则有,无则无,而不是"必须有""必须做""必须写"。当有一天写或画的本身真的成为束缚的时候,那么该放手时就放手。

其次,关于流行。丹纳说,作为艺术表现的对象,时髦风尚是最为肤浅、生命最为短暂的特征,会随着流行的消失而消失。那么作品的寿命也是一样,如果你在作品中表现的是流行的、肤浅的、注定了流行过后就会消失的东西,那么你作品的生命力也会随之消失。因此,应该知道,经典的作品表现深层、恒久、不变之物,不要轻易地跟风,不要为眼前的热闹和利益所动,要将目光和情怀放得深邃,高远。

再次,关于民族性。一个民族的艺术是在本民族的千百年滋养中成熟、成长和传承而来的,不可丧失民族的根性与土壤。这提醒我们不能抛弃自身的文化和艺术而试图将他国的文化和艺术全然地予以嫁接,这一方面无法超越别国的文化与艺术,另一方面也将断送了自己的文化与艺术。只有在本民族文化环境中成长起来的艺术才是最原始、最自然、最本能的艺术,才可能真正达到艺术的顶峰,这是任何临摹、效仿、复制所无法达到的。具体到个体的人,一定要保持自己的特性与风格，不能东施效颦，不能抛弃自己的性格一味地受到外来的影响。当然，不抛弃民族的根性并不意味着冥顽不化，故步自封，而是在保持本能和根性的同时，还要不断地吸收、完善和成长。

（《艺术哲学》，丹纳著，傅雷译，生活·读书·新知三联书店，2016年10月第1版第1次印刷）

2017 年 4 月 16 日

穿越时空，到达永恒

——读黄永玉《沿着塞纳河到翡冷翠》

也许是艺术的缘故，也许是性情的缘故，这本书适合我读，无论是自由散淡的心性、简单快乐的态度、良善温暖的情景，还是透着喜悦的写生插画，均合我意。

黄永玉老先生 67 岁在女儿女婿所在的翡冷翠小住了半年，这本书是他的旅居所得。而翡冷翠，这个文艺复兴的发源地，这个艺术家的摇篮，无疑是适合他的，被他爱上理所当然。在拜访了不多的博物馆和名人故居之后，他的兴趣仍在画画，他每天工作十个小时，有时候到深夜，唯有他自己知道，这不是负担，是快乐。接近古稀的他没有任何的负累，除了画画，还是画画，除了快乐，还是快乐，在街角，在咖啡馆，在教堂广场博物馆，在熙熙攘攘的人群车流中，沉浸于自得其乐的人生境界，不被知识束缚，不被历史束缚，不被民族国界束缚，在艺术的天堂里自由飞翔，那是一种幸福的体验———一切之艺术，一切纯粹之艺术都与幸福有着天然的感应与联系，沉

艺术卷：美轮，美奂

浸于艺术的一刻，画家与外界的俗事、俗物、俗念隔绝，呈现于心的，是一片唯美的光景，长此浸润的艺术家大都有着一颗纯净唯美的心灵。这种氛围吸引着我。

而翡冷翠，在我 2014 年十几日的欧洲之旅中也给我留下了极好的印象，那也是我喜欢并想再去的，有着浓厚艺术氛围，有一种气息吸引并感召着你的城市。我们在圣十字广场周边逗留半日，期间，无论偶遇的但丁故居，还是平常的街巷，都如黄永玉老人描述的自然古朴，处处显示着对待历史和名人的平常心态和真实角度，那是对历史的尊重，也是对人的尊重，是一个城市值得尊敬的文化性格。永玉老人说："在中国，想古人的时候，翻书而已；在翡冷翠，'上他家去好了'。"著名画家达·芬奇，其故居也不过保持了几乎空无一物的原貌，即使失望，也是事实。而最难能可贵的，是遗留在人们思想和灵魂深处的对于艺术的热爱和尊重。

勤奋的黄永玉老人曾在天初亮时支起画架于一家小门脸前画画，到点门脸开了门，当老人着急挪开画架之时，店主人却将他按住，说什么也不让他动，就让他当当正正地在他的门前画画，还给他端来一杯水对他给予关照，画差不多了将他让进屋来休息，那一刻我真的感动了，那只不过是一个钟表修理店的小店主！

其实不光是翡冷翠，翻看历史，从平民到君王，整个欧洲对于文学和艺术的尊重都超出了人们的想象。绘画大师达·芬奇 1519 年死在法国克鲁城堡国王法兰西斯一世的怀里，国王的啜泣和悲伤是发自肺腑的。另一位大师拉斐尔被葬在罗马万神殿第一个位置，第二个位置才是国王和其他一些重要的显赫人物。如黄永玉先生所说："不管文艺复兴时期或前或后，外国的皇帝和封建主都有个不成文规矩，打仗归打仗，攻陷城池，谋财害命，绝不毁坏艺术珍品；甚至拿破仑、墨索里尼、希特勒，都流露过对文化艺术的爱好和修养。"当我们在欧洲的博物馆里对着惊人的艺术珍品赞叹不已时，我们应该知道一个民族的优雅不是一朝一夕养成的，也不是金钱堆砌出来的，而是有着深入骨髓的文化信仰和绵延不断的历史传承。

在儿子陪同下于米兰大教堂前写生时，黄永玉先生还曾遇见一个疯疯癫癫的人连唱带说地迎面走来，他的儿子凭直觉和经验在无可躲避之时做好了与之搏斗的准备，但没想到待那个人走近了，看到他是在画画，当面向他鞠了一躬，并悄悄地移步到他的背后看起画来，由此黄先生感慨地说："在这里，我长了一个见识，连疯子都是尊重艺术的。"这种尊重，陡然间也让我们对这个城市肃然起敬。

在翡冷翠住了半年之后，黄永玉认为，意大利人是离上帝最近的，"除了艺术，我看意大利人没有一样是认真的"。这样的心性，这样的单纯，这样的执着和不参杂质，难道不是最适合艺术家的么？所以劳作之余，画家会体会到身心的舒畅，仰望天空，自由呼吸，发出"空气那么好，树那么绿，云那么潇洒"直白却真切的由衷感慨。从自然到人心到世事，在画家的眼里，大概都蕴含了无尽的美，一代又一代的艺术家，

艺术卷：美轮，美奂

不分国界，矢志求索、悉心向往、由衷赞叹的，不正是这唯美的境界么？一个真正的画家，始终都葆有纯洁明净的初心和对美敏锐的觉察，自觉地将真和善统一于对美的追求之中。而世间只有美，穿越时空，触动世人，到达永恒。

黄永玉先生自称是一个没有"群"的人，他说"没有'群'的人客观上是没有价值的"，但这无挂的清心给予他充分的坦荡和自由，使他随心游历，随心做事。以艺术为业的他，无论在巴黎，在罗马，还是在翡冷翠，总能邂逅或找到令他愉悦的人和事。在塞纳河岸，看到自己多年敬仰的雕塑家布德尔的作品令画家十分激动，他说："在他作品面前，从艺者如果是个有心人的话，会认真'吭吸'，而不是肤浅的感动。"因缘际会，是吭吸还是感动，因人而异不可强求，而人们总是会于刹那间对与自身有着内在关联的事物产生强烈的感应。那个瞬间是享受的，是值得感恩庆祝的。

作为画家，对于艺术他是敏感的，自然有自己的见解。文艺复兴翡冷翠三位巨匠中，他对达·芬奇评价最高，称只有他是天才，是"自有绘画以来毫无怀疑的全世界'第一好'的画家"，"具备了一切人的完美实质"，"你可以在重要的拍卖行看到近一亿元的梵·高名作，却没人胆敢替《蒙娜丽莎》估价"。对于米开朗基罗令后人惊诧膜拜的作品，他说除一件之外都是"作坊"工程。那件例外的作品——西斯廷小教堂天顶的《创世纪》，"是一幅伟大的艺术的'启示录'。为后人子孙开辟了'画'而不是'描'的广阔的表现天地……其作品本身也以逼人的'伟大'来适应宗教宣传"。我赞同他对拉斐尔的评价，他说拉斐尔是文艺复兴三杰中最具人情味的。这从他的作品就可以看出来，这种人情味曾经打动我。20多年前我在读中学的时候，曾经躲在自己的小屋里看过大师们的画册，临摹过米开朗基罗的大卫等作品，而三杰之中我最喜欢的还是拉斐尔，他的圣母像和圣婴图柔软的线条和慈爱的神态中流露着永恒的温暖与慈悲，纯净柔美，宁静安然，充溢着感性之美和母性的力量。

　　正如黄老先生所说，文学艺术本身就是个快乐的工作，所有与这个精神和心灵层面工作有缘的人都是有福报的。性情使然，黄老先生按照自己的兴趣安排自己的生活，不被外物所累，于艺事之中获得的常常是一份"散淡而闲适"的心情。

　　画画之余，黄老先生读点闲书，并与生活保持密切而热情的联系。他说："我这个老头丝毫没有任何系统的文化知识，却也活得十分自在快活。我要这些知识干什么？""我这个老头子一辈子过得不那么难过的秘密就是，凭自己的兴趣读书。"对他来说，"世界上的书只有有趣和没有趣两种"。在翡冷翠，他不是一个游客，而是以生活的态度在这里，其间他遇到了很多好玩的事，无论是在车水马龙的闹市写生时偶然上了当地的报纸，请街坊邻居、女儿的上司、钟表店小作坊主到家里吃中国菜，还是在街头用中医的方法救治突发的心脏病人，无不充满了温暖、善意和人情味。谈及意大利人，他推荐的路易吉·巴尔齐尼的《意大利人》或可一读，他说这本书"可

艺术卷：美轮，美奂

算是摸到一点点意大利和意大利人的脾性；甚至找到了作为异国人的自己在意大利所处的恰当的位置"。人到晚年偶有回忆，但苦涩的东西轻描淡写，都被他一笔带过了。这是艺术的方式，艺术的心态，亦是人生的美感。

由塞纳河到翡冷翠，浪漫之都巴黎是不可忽略的一笔，他在书中单篇讲述，由塞纳河他联想到徐志摩的英国、意大利和巴黎，认为徐志摩极限的功绩就是为一些有名的地方取了令人赞叹的好名字："康桥""香榭丽舍""枫丹白露""翡冷翠"，说徐志摩笔下的巴黎是一个在巴黎生活的大少爷所宣述的典雅的感受。当置身于这个热闹的都市，看到各地游客乌央乌央洪水般涌向博物馆、教堂和埃菲尔铁塔时，他说："有文化教养，有品位的异国人大多是不着痕迹地夹在巴黎人的生活中，他们懂得巴黎真正的浓郁。"当人们还认不出蒙娜丽莎什么模样就追风般到卢浮宫去朝拜之时，他说："蒙娜丽莎是一种时髦倾向，但不是艺术倾向。"他不是在诋毁蒙娜丽莎，是在为众人的浅薄和盲从惋惜。

值得一提的是，书中的插画是愉悦喜人的。331页的书一半是文字一半是插画，貌似很厚但读起来很轻松。左边一面全是老先生半年来的欧洲写生作品，丰富的色彩、温暖的调子里透着难掩的愉悦和明亮的欢乐，与轻松散淡的文字和自由快乐的心性契合得非常完美。那浓烈的油彩，又总是以直观再现的方式将我带到圣十字广场、百花圣母大教堂、威尼斯水街、米兰大教堂、但丁故居、塞纳河两岸等这些熟悉的地方，这便给阅读带来多一层的愉悦和美妙，让我们随思绪再度回到那里，并因着眼前的文字对那里产生多一些的认识和了解。

　　总而言之，书是好书，只是，不知为何它的封面会设计得如旅游手册般花哨，拿在手里的一刹那间产生了一丝庸俗的感觉，此为美中不足。

（《沿着塞纳河到翡冷翠》，黄永玉著，人民文学出版社，2014年5月第1版第1次印刷）

2015年1月16日—17日

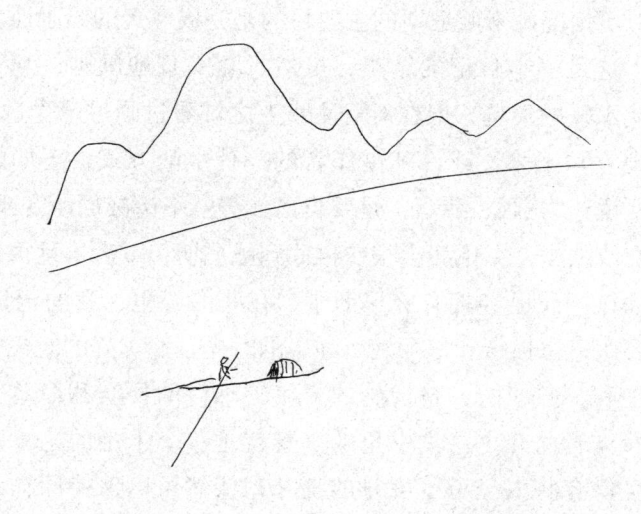

艺术卷：美轮，美奂

八日，速写威尼斯
——读李黎《威尼斯画记》

　　来自美国的台湾人李黎将在威尼斯的八天时间浓缩成了这本书。虽然在威尼斯的八日她是全身心投入的，但要将八天的时光变成文字并集结成一本书，在我看来还是有些不可思议，更何况她来威尼斯的主要目的是完成八天的绘画课。

　　这是一本日记的结集，虽然日复一日地画画、观景，有些流水账的痕迹，但在对这座水上之城看过画过感受过之后，再把它写下来，或许就是作者的一种生活方式，正如她在书中所说："我画、我写，是要自己放心：不论威尼斯变或不变、存在或消失，不论我会很快再回到威尼斯，或者永远再也不会回去……我已经拥有威尼斯了，在我的心里，我的记忆里。"她要用笔去描绘和记录她所经历的时光。而美好的时光常常就是平和、散淡的，就像她的文字，难得的朴实和简单。如果不看作者简介，这本书里的李黎就是一个十足的艺术院校的学生。有些人经历了岁月的洗礼，依然可以保持原初的那份简单。

她利用一切时间穿梭于威尼斯的旅馆、美术馆、大运河、大大小小的岛屿和桥梁之间，感受那里的独特气息并随时将它画下来，一座小桥，一个灯架，一叶小舟，市场的一角，这些素描和速写散淡地穿插在她的文字里，和那些文字一起纪念彼地的时光——这本身就是一件多么写意的事情啊！

威尼斯之旅她还带了两本书，一本是诺贝尔奖获得者、诗人布洛茨基写威尼斯的散文集《水痕》，一本是挚爱威尼斯的卡尔维诺写威尼斯的《看不见的城市》，现实和书里的场景相互交错，给人无边的遐想和错落有致的美，使原本就不是很长的时光变得愈加地充实和富有诗意。"明天有一整天的课，似乎该早些睡，可是舍不得。独处的时光是如此珍贵难得，又翻开《水痕》，像读诗。"而《看不见的城市》里马可·波罗和忽必烈的对话，以及对城市某一处深具意味的描写，则出现在她每一篇的题记里，给人时光恍惚之感。

（《威尼斯画记》，李黎著，上海书店出版社，2012年1月第1版第1次印刷）

2014 年 7 月 31 日

颠覆的世界，峥嵘的天空
——读玛丽·安·考斯《达利评传》

书的第一章是这样开头的："萨尔瓦多·达利早就说过自己注定是个天才。"天才，往往有自我觉知，天赋的才华，在其体内、血液中，与生俱来，给予他不可抗拒的能量。作为超现实主义的化身，他对此也有着清晰的觉知，他说："因为我愿意与否，'超现实主义就是我'。"

书的作者玛丽·安·考斯只与达利见过一面，在读的过程中我一度怀疑与达利仅有一面之交的人写下的文字的确凿性，但她依托于达利文本的评述是可信的，她说："即使在早期，达利对自己的未来也是胸有成竹：'我将会是个天才，全世界都会赏识我的。也许我会遭到轻视和误解，但是我将会是个天才，我对此信心十足……从 1999 年开始，我就清醒地意识到了自己的天赋。我要说的是，尽管这份自信深深地扎根在我的意识中，却从未在我身上激起过那种被称为崇高的情感。然而我必须承认，它有时会使我体会到一种极度的快感。'"他自信，因为他有。而所有的天才，仿佛都有着对天才的自知，杜尚如此，萨特如此，罗丹如此，在他们的体内，有着一种无可限制的力量，注定了要超拔而出。而只有天才的艺术，才是至高的享受。

1922年达利参加圣费尔南多皇家艺术学院的入学考试时，"他马上证明了自己是达利，拒绝按照所要求的尺寸提交素描：他的画稿尺寸要小很多。但他还是被录取了"。天才是不可限制的，这种无限使他天然地超越了规矩，抵达他自己。1926年他参加一场口试，他拒绝以抽签的方式决定考试题目，他说没有人有资格评判他，于是他被开除了。这和当年的罗丹三次报考巴黎高等美术学院不中，广遭巴黎艺术圈的残酷拒绝，和梵·高生前只有一幅画被人买走，以及刘海粟被国人称为"艺术叛徒"是多么的相似。天才，有时天生就是与时代不和谐的。1928年他针对诗歌帖出《反艺术宣言》，无所畏惧地摒弃韵脚。韵脚是什么？用他的话说："简言之，那是连猪狗都能理解的艺术，你就会创作出妙趣横生、惊心动魄、诗情浓郁的作品来，成就任何其他诗人都无法企及的伟业。"而针对达利的电影创作，巴拉尔评论则认为，达利"是伟大的文化亡命之徒中的最后一位，也可能是造访我们这个华而不实的廉价星球的最后一位天才"，"他把文化构建的意义统统颠覆"。

达利反对以艺术谋生，拥护"绘画不表达任何意义，绘画就是画自己"的主张，他说："我依然相信，艺术不应该成为谋生的手段，而应该仅仅是一个人在其生活的休闲时间允

艺术卷：美轮，美奂

许的前提下的一种修身养性的方式而已。"他主张将艺术停留于事物表面，它的最表层，以防止流于滥情。在他看来，诗歌和绘画如果要表达什么意义的话，就会流于滥情。他走在海姆·芬克尔施坦的对立面，认为归根结底，腐烂就是情感，是人性不可分割的，"只要大气还包裹着地球，就会有腐烂发生"。在玛丽·安·考斯看来，"达利的绘画旨在与无意识沟通，所以是为那些'心智单纯'的人画的"。

他做着不同寻常的事情，他反其道而行之，他依循他自己的本性思考，他从印象派那里获得影响和启示，他说印象派"的确是对我的一生影响最为深远的绘画流派，因为他使我第一次接触到了反学院和革命性的美学理论"。

"1918年底，他不仅疯狂地作画，而且像患了强迫症似的投身于写作。"他的绘画和他的文字是同时构筑的，他爱他的颜料和绘画爱得发狂，他也将自己对颜料及其相关概念本身的探究与痴迷记在日记里，将自己对生活的理解与渴望借由文字来表达。书中鲜有他的插画是一种遗憾，但他的文字给人一种平和的美："我渴望平凡的生活：吃烤沙丁鱼，和加拉一起踏着余晖在海滩散步……我需要生活在利加特港，看水手们劳作，看橄榄树的色彩，还有面包，感受她的风景、她的温馨、她内在的安宁。""我正在发现能深深感动我的事物，并试图忠实地——也就是说精准地——描绘它们。""我深深地爱着这一切。不仅仅是它们，还有那天空中的葡萄藤和驴群都使我倍感愉悦。"从他的文字里，我们感受到了一个美善的世界。

他在写下文字的时候就知道那些文字将会穿越时空到达我们手中，他将自己的著述比作一张饭桌，"而这张桌子就是您手中正在阅读的这本书。它的目的乃是在百年之内填饱我们这个时代在精神、想象、道德、意识形态上的饥馑"。天才的未来都是可以被自己看到的，他知道有朝一日他能够"创造出自己的峥嵘天空"，而天才总又在平凡中。

天才的自我觉知使他将自己和弗洛伊德的潜意识联系起来，他确信自己和天使有私密关系。在自己的书中，他还提到自己的"超视性"，而这"超视性"，使他在许多个天才的细节上与他人以及别的超现实主义画家和作家区别开来。多少年来，他一直期待见到弗洛伊德。偶然的场合见到了弗洛伊德，他又以他自己的方式呈现了弗洛伊德，他说弗洛伊德的脑袋是螺旋形的！而拉斐尔的脑袋是八角形的，达·芬奇的脑袋像一颗被压扁的榛子——这些，听上去是荒谬的，但如果没有这样的荒谬，达利也就不成为达利了吧。在语言的表述上，他也不经意地创造着自己的样式，他说："毕加索是共产主义者，我也不是。"被玛丽·安·考斯赞叹为"可爱又荒诞"，她说"他的神话是自生而且再生的"。在达利的心中有一座天堂，而天堂是什么？它在哪儿？他说："天堂不在上也不在下，不在左也不在右，天堂在有信念的人的胸膛正中间！"

达利终是特别的达利。透过他在这部作品题献中的简短表述，基本可以窥探到他的成长历程：

艺术卷：美轮，美奂

6 岁我想当拿破仑，结果没成功。

15 岁我想当达利，我成功了。

25 岁我想当全世界最轰动的画家，我成功了。

35 岁我想以成功肯定我的生命，我做到了。

如今 45 岁我想画一幅杰作，从混沌和懒惰中拯救现代艺术。我会成功的！本书是这场征战的献祭，我把此书奉献给所有信仰真正绘画的青年。

而在序言中，他说："能够发生在一个画家身上最幸运的两件事情，第一，是做西班牙人，第二，是叫达利这个名字。这两件幸运的事都发生在我身上了。"

达利是神秘莫测的达利，又是奇幻无穷、花样迭出的达利。玛丽·安·考斯说，他的创作一直伴随着他的神秘主义，以及他那永不停歇的实验热情。

热闹了一番之后，艺术家走了，留下了阅读给我们，而阅读也是一种探索——因为不了解达利，所以读达利。达利对我来说是陌生的，关注陌生和差异，以至开阔和包容。

（《达利评传》，玛丽·安·考斯著，李松阳、戴永沪译，漓江出版社，2015 年 3 月第 1 版第 1 次印刷）

2017 年 12 月 13 日

无染无着真风流
——读卡巴纳《杜尚访谈录》

出于对艺术的兴趣和对译者王瑞芸女士的信任买的这本书。之前读王瑞芸女士的《美国艺术史话》是一种享受,这享受不仅仅在于其思想和见地,还有文字的优美、流畅与诗意。在那本书里,她亦谈及美国的现代艺术,我不懂并且直观并不喜欢现代艺术,但依然感觉到她的评述颇具境界。

这本《杜尚访谈录》也译得十分精彩——其实那不纯粹是翻译的功夫,而是译者、著者和被采访者内在的息息相通促成的因缘际遇,这些跨越时空的感应也促使译者王瑞芸挣脱文本脱颖而出,在书的后半部分由两篇自己写的《杜尚》和《禅宗、杜尚与美国现代艺术》作为补白,将杜尚的思想、艺术和生活境界阐释、提升到一个全新的高度——我相信那不仅仅是被采访者杜尚的高度,也是一个诚挚并具有相同潜质的诠释者的高度——因此她才如此兴奋,如此切近。如果不是有着深邃的了解(不,其实我是觉得那是心性的相通),如果不是

艺术卷：美轮，美奂

冥冥中有着莫名但却深切的联系，她也不会作出如此由衷如此深刻的评说，如她在"后记"中所说："因为杜尚就一个，他在那里，喜欢他的人，就朝他走过去，凑近了观察。"她就是那凑近了的观察者中的一个，而恰巧，她在美国修习的又是艺术史，更加具备了去表述这一切的能力。当然，修习什么或许是次要的，不是每个修习艺术的人都对艺术具有天生的敏感，而"天生"十分重要。

至于我，为什么刹那间理解了王瑞芸之于杜尚，那是因为我想到了我于梵·高，那是一种同在、同具的了解与感应，是不由自主、自发本有的冲动。正如王瑞芸女士评述杜尚的这两篇文字，那不是杜尚的（也许杜尚恰恰也有），而是从自己的生命和潜意识里流淌而出的，因此才生动，才可观。作为读者，为何竟亦如此激动？那也是一种难解的缘分吗？

让我们，去顺应它。

我的确按照王瑞芸女士的建议先读附录中她的两篇——《杜尚》和《禅宗、杜尚与美国现代艺术》了。然而刹不住车，因为那境界太美，感应太强。她的思想，给我提供了一个新的角度，让我重新审视现代艺术，并且提醒自己不要固执地抱持一种观点，让水流动。读完之后我不仅了解了杜尚，险些也要像作者一样爱上杜尚了——因为他太超脱，太潇洒，太无限，太无所谓。"没有什么事情是重要的"，这是我在中学时代就曾说过的话，在这个时刻，在这个点上，我亦与杜尚相遇。他让我们站在一个新的视角重新审视艺术，以"反艺术"

第一辑　无染无着真风流

的姿态将艺术还原到生活之中，还原到生命之中，与万物等量齐观，从艺术到生活到生命到哲学到禅宗的无分别心，到更阔大的世界乃至无限无着无有，一尘不染，一物不在，无挂无碍，绝世绝美。生活和生命本身就是艺术，是更愉悦更完美更恢宏的艺术。虽然，杜尚对抗美，对抗趣味，对抗愉悦，对抗一切现成的条条和框框，但摆脱了束缚的他的确将自己的生命提升到一个广阔的境界，用王瑞芸的话说，"圆融无碍"。生命至此，的确只剩下了欢喜。

　　智慧的向度无染无着，天真明朗，阔大无边，挣脱不了艺术、传统和一切成见的窠臼与束缚，便看不到阔大无边的全新天地和高远境界。"杜尚的否定艺术，不是为了做艺术上的一个新流派，而是向我们呈现了一种自由的人生境界，他是离开艺术来看艺术的，在任何方面，艺术都束缚不住他。"自由的，终无可束缚。初心不染，只需歌唱。

　　杜尚要活出生命的本来面目。"我不是那种渴求什么的所谓有野心的人，我不喜欢渴求。首先这很累，其次，这并不会把事情做好。我并不期待任何东西，我也不需要任何东西。"读到这里，我的内心有一个共鸣的声音：天然如此的人是幸福的，欢喜无边，真实不虚。他把生活放在艺术之上，将艺术看作万物的一部分，看作世间众多行为之一种。我想说：顺应自然心性，不刻意为之，行于当行，止于当止，让生命自然流畅。当谈及真纯、诚挚与自由，我的内心响起深切的回声：向来如此，天然如此，心怀欢喜，无穷无限——而这，只是一种

·127·

常在、常驻的感觉。我知道，杜尚践行的，是挣脱了艺术，将艺术放置在自然万物和生命轮回之中的无影无踪、无障无碍的大艺术——那就是一场游玩，一场旅行，不追求，无目的，大自在，水流花开，玩过也就玩过了，结束也就结束了，他没有把它当成一回事，就如他不屑加入任何团体任何组织任何主义，也不看书不关心周遭——这些都跟他无关无涉，他是一个全然自由无碍、无边无际的生命，任何一种观念、主义、派别都将成为他的束缚，而他天生不要束缚，自由无疆，仿佛让我们感觉到翅膀扇动的声音。而生命中，仍有新奇的东西不断地吸引着他，他跟随当下的冲动，当下的热爱，继续玩耍。他不追求，不停留，不回首，他的脑中无艺术，无绘画，无评论，然而，无中生万有——他什么都有，不求自得，以至无穷无限。

那是一种内在力量的驱使，唯其如此，能得天助，然不求天助，不求而自得。

我赞同杜尚所说："艺术被限制在一幅画或一个雕塑中是一种狭隘。"扩展开来，可以说整个艺术都是狭隘的。抛开艺术，追求无限，已经上升到生命境界。当我把这个观点发至朋友圈，引来与一位扬州画家的热烈讨论。他说："其实这是一种假设！艺术是随着不同的人创作出不同的作品，由不同的观者读出不同的艺术语言。"我以切身的体会回复他："当艺术与生命融于一体不分彼此之时，脑子里没有艺术没有观众没有语言……""空白？当艺术融于生命、与生命一体的时候,出口成章、随心所欲、创作出无法无天与人不同的艺术作品来!这就是真正的艺术。另外,艺术是无所不在的,各行各业都有艺术语言存在着。""上等的艺术必然超脱超拔。人生亦如此。空与无,不失为难得的境界。反正我信。我深信。讲究语言,但必须超越语言;讲究技法,但必须超越技法;不懈追求,但必须超越追求。真正的艺术从来不是艺术,是势不可挡、不为所知的内在天然能量,是生命本身。不为所缚,方可无限。"这时我看到另一位北京画家的留言:"境界高!"并且私信询问这本书的书名是什么,他要买。讨论至此,扬州画家突然对我说:"您是对的。"我回:"向您学习。"他说:"是您在教导我,我仿佛懂了很多,谢谢您。"实在不敢当,这是真话,他们都是身体力行、用行动和心血践行艺术的艺术家,我这个不学无术的"门外汉"只是一时兴来,纸上空谈,实在惭愧。然而,那的确是我的肺腑之言。

是思维带着杜尚飞翔。杜尚打破常规,如此言说,亦如此行动,当他感到艺术了无生趣的时候,他便身体力行地放弃了艺术,以后的几十年再也没拿起画笔,而是在自己后半生将兴趣转移到象棋和其他新鲜的事物上去了。他无法忍受自己去度重复的人生,亦不去看别的艺术家"只在重复他们自己"的作品,这都不符合他的心性,而且在他看来,艺术像所有人造的东西一样,没有价值。对于历史,他也有天生的彻悟与反叛,他不能为艺术所缚,亦不能为历史所缚。时间是活的,是沿袭还是打破,让时间去定。千年的文明,打破(不,用

艺术卷：美轮，美奂

"突破"吧）比沿袭更难，历史的遗存，有启示，也有束缚，看如何取用、如何超越。而被问及是否对政治感兴趣，他索性说："不，一点也不，让我们别谈这个。"杜尚告诉我们，这样的思想，这样的行为，这样的人，存在着，虽然有可能超出了我们的理解范围，但他确实存在着，并给予我们不曾有的启示。让我们意识到，当我们遇到与自身的思想体系、见解、见识对立的东西，我们不妨停下来，想一想，世界原本博大精深，已知有限，沧海一粟。他告诉我们，我们需要通过实时的变化进行自我更新，一边放弃，一边新生，永葆喜悦，永葆活力。

当然，在艺术的问题上，在一切的问题上，是放弃还是拥有，因人而异，顺其自然，没有一种是对的或者不对的，世间万有，本无分别。

王瑞芸女士在分析杜尚与禅宗时提起禅宗在西方的引入，然而有时候，禅意不是借助于理论嵌入的，是契机和心灵的顿悟，是一触即发，因为本有，本在。杜尚并未真正接触禅宗，而他，却天然地充满了禅意（让我们不妨用"慧根"来指代吧），"他的心从来没有离开过他那种与生俱来的定与慧，在任何情况下他都不会偏离这个轨道。这种状态使他年轻的时候就能够独具慧眼抵制巴黎艺术界那种貌似杰出和优秀；使他终其一生都在抵制一切人类自身的褊狭而造成的规矩和定义。他从不执着于任何事物，他与任何事情都保持一点微妙的距离。这样的一个人真正做到了变生活为艺术"。杜尚的所

第一辑 无染无着真风流

有追随者都没有成为杜尚,因为他们本不是杜尚。不要为禅而禅——因禅而禅是一种美,为禅而禅是一种丑——当然,混沌之下,无有美丑,杜尚即是如此,浑然一体,又圆融通透。

就现代艺术而言,杜尚的许多追随者的作品所效仿的,或许只是一种形式,徒具躯壳而不具灵魂,徒有外表而未抵实质,徒有向往而缺少天生的境界。因此对于杜尚,他们只能望尘莫及。

杜尚的思想"浑然无廓,有无相生",他的所作所为,被王瑞芸女士称作"无染无着真风流""了无牵挂的平常人",是"真洒脱""真放下"。境界自古平常中。杜尚自己也说,看待身外之物,他跟许多人有着不同的观点和态度,他自觉地站在人群之外,自我,自在,真实坦率,畅行无阻。当一切都赤裸裸地展现,也许你会发现,"真"的东西所剩无几,而那不多的所剩,就是最珍贵最难得的。用"真"去生活,而不是假艺术之名而艺术,就是杜尚的态度。所谓的艺术评论和他人评说在杜尚看来更是荒谬,当本书原作者卡巴纳问他,人们对于他的《大玻璃》有好几种解释,哪一个是自己的?他的回答自然本真:"我没有任何解释。"这是一个多么重要的启示——所有的评论者都是"好事者"。不光是艺术,文学也是如此。坦率地说,有很多文学评论,长篇大论,新词频出,我却常常看不懂,不懂之中或许也有几分不太信任吧——这里面,又有几分是过度解读呢?当卡巴纳问,他给他按了胡子的《蒙娜丽莎》题字"L.H.O.O.Q."除了开玩笑,还有什么别的意思,他

· 131 ·

艺术卷：美轮，美奂

说："没有，唯一的意思就是读起来很上口。"有时候，事情本身真的就是那么简单，而人们常常将其搞得异常复杂。而只有简单，才清明恬阔。

杜尚的一切，被王瑞芸女士在书中说得很透彻，我相信，这些皆缘于无可名状的机缘和跨越时空的"相见"。

在晚年总结自己的一生时，杜尚说："我这一生实在是过得非常幸福。"是的，他无法不幸福。我信，并有深刻体会，生命就是一场感谢，一场花开。我也赞赏王瑞芸女士的态度：做一个身心自由的人，活出行云流水般舒展的人生，"这个状态实在比艺术要美丽一百倍以上的"。新的涉及，总在不断地拨开生命新的层次，看到新的流动成为活水。

愉悦，是一种相合相契；热爱，是一种自动的寻找，而且，总能找到。让我们朝着我们欢喜的方向延伸。乐见喧嚣，乐见宁静，一切都是美景，都是最好的安排与布置。生命就是一场花开，一场自如自在的穿梭与行走。这书，被我读得异常欢喜。

（《杜尚访谈录》，卡巴纳著，王瑞芸译，广西师范大学出版社，2013年6月第2版第6次印刷）

2017年4月8日

让个性托起艺术史

——读王瑞芸《美国艺术史话》

1942年,当哥伦布第一次登上新大陆的土地时,他在日记中这样记载:"这真是一片神奇的土地,满眼都是绿色,有各种各样的鸟,大的,小的。它们的种类太多了,我根本就叫不出名字来,这里的树也有上千百种,结了各色的果子,散发着奇异的香味。我得带点样品回去让人们看看……"

《美国艺术史话》从这里写起,历数美国艺术的跌宕起伏。就绘画而言,从肖像到风景,从写实主义到浪漫主义,从传统艺术到现代艺术、当代艺术,由颇具个性的艺术家将其串起来,以"史话"的风格写艺术史,很有声色。而在美国待了九年、毕业于美国凯斯西储大学美术史系的作者王瑞芸深厚的艺术修养、敏锐的领悟力、流畅的文学语言,更给这部作品平添了许多可读性。

正如南希·艾因瑞恩胡弗在研究美国艺术博物馆时所发现的,美国的艺术博物馆全然以卢浮宫为代表的欧洲艺术博物馆

艺术卷：美轮，美奂

为范本，美国的艺术史也是紧跟欧洲潮流，以欧洲艺术为摹本和典范的，在美国艺术发展的各个时期，都有大批艺术家涌往欧洲学习和膜拜，甚至不惜泯灭自己的美国性格，在很长的一段时间里，欧洲艺术风尚代表了整个美国的审美取向，美国艺术随着欧洲流派的兴衰而起落。欧洲和美国，虽有切不断的紧密联系，但二者毕竟有着不尽相同的基因，在这个起起落落的过程中，美国的写实主义风格始终保留在艺术家的作品中，即使是受法国印象派影响深重的19世纪后期，美国的印象派仍然摒弃了莫奈《睡莲》中的朦胧与抽象，始终抓住了具象，"无论色彩如何朦胧闪烁，形象必须保住"。

另一个能够凸显美国特色的艺术样式是风景画。

一个多月前，当我站在美国国家美术馆，面对美国绘画，直觉感到美国风景画具有相对辉煌的成就，给人留下显著的印象，相比之下，人物和历史题材的绘画要黯淡很多。今天翻开《美国艺术史话》，为自己的感觉找到了根据——受自然主义和超验主义影响，于肖像画之后，风景画果然成为摆脱欧洲影响、代表美国自己特色的艺术，因而也成为19世纪美国艺术"最精彩的部分"。

是的，美国历史前后不到300年，在历史题材的发掘方面紧跟欧洲、一味效仿是走不远的，美国艺术自风景画开始出现了自己的流派。"19世纪上半叶，大自然已经成了不少美国画家和作家共同的主题。最能代表对在自然的倾慕立场的，是19世纪美国著名作家，同时也是超验主义的代表爱默生在

1836年写下的一篇著名文章《自然》中表达的立场：把自然看成是上帝意志的绝对反映，因此尊重自然就是尊重服从上帝的意志。他的思想多少归纳了19世纪美国人的普遍情态，反过来又影响了美国的文化界。那时，自然对美国艺术家的吸引力超出了欧洲的博物馆、欧洲的城市或古迹。而且那个时候，自然对于美国画家还不只是给他们提供了新鲜而独特的绘画题材，它还是让美国人引以为骄傲的标志——这么雄浑辽阔的自然，欧洲可没有。"

书中提到了特朗布尔于1806年、丘奇于1857年分别画的尼亚加拉大瀑布的写生油画，其中一幅是我在美国国家美术馆看到的那幅吗？带着好奇回看当时拍的照片，果然，我看到的是哈德逊河派画家弗雷德里克·爱德温·丘奇的这一幅。刚从尼亚加拉大瀑布游览回来，在博物馆偶遇这幅画时，内心顿时有种异常的亲切感，这突如其来的情感，甚至使我忽略了画的本身和细节——如果不曾身临其境，这幅画于我，或许只是一张普通的画而已。然而我身临其境与其遇见了，再次邂逅，感情便全然不同。

所以，我是不喜欢现代艺术中剔除了人的情感和主观因素后的冰冷和淡漠的。

美国现当代艺术随着美国工业的兴起而兴起，带着机器、齿轮的机械和陌生，以及高楼大厦、摩肩接踵的喧嚣与浮躁，让我想起今日喧闹的纽约。哦，纽约的确堪称现代艺术的中心，用王瑞芸的话说，它的每一栋大楼每一个广告牌每一个街

艺术卷：美轮，美奂

角在这里生活着的每一个人本身就是卓越的现代艺术，艺术家和艺术评论者美其名曰那是精英的艺术，需要智慧和超常的理解力才能理解。然而我不喜欢。正如大部分的美国人至今仍不喜欢。脱离了人性的、形式的"纯粹"究竟又有多大意义呢？也许它对画家有意义，每一个热衷现代艺术的创作者似乎都对他的创作对象——那些拼拼贴贴的金属、门框、旧衣破布和狰狞的面孔倾尽了热情，他们涂得那么陶醉，看其作品远没有看其作画本身富有美感。

当然，是我不懂。王瑞芸说，后现代艺术的坦荡呈现是她的最爱，从这里，她看到的不再仅是艺术美，而是境界美和生存感觉的美了，"艺术不是愉悦我们的感官，而是来提升我们的境界，改善我们做人的状态——让我们活得更自由，更放松，更真实"。此时我想起爱默生的话："仔细分析并不能带来美好的感觉，任何美好的事物都展露在光明大道。"在艺术鉴赏的问题上，我宁愿跟着自己的直觉走。

纵观美国艺术史，如果说在欧洲压倒一切的主流风气中，美国艺术在某些方面还葆有它自己的一些特色的话，那离不开各个时期在作品中坚持葆有美国个性、自觉偏离主流之外的艺术家。像霍默、伊肯斯、赖德，在熙来攘往之中，均保持了自己鲜明的个性，"在当时，他们仿佛是一首合唱中的几个不和谐的音，而如今看来，他们却是美国艺术家中弥足珍贵的人物"。地道美国汉子霍默的画非常有美国性格，"在感觉的直截了当、作画的干脆利落、题材的本色、气质的阳刚方面，无人能出其右……他的作品看上去粗犷直率，不文雅柔美，却也因此火辣辣、活生生、'原汁原味'。规规矩矩的画家绝达不到这种面貌"。他在欧洲没有待满一年就回到美国了，"欧洲是欧洲，他是他，他不在乎欧洲"。出色的女画家奥基弗在学画和作画的过程中只跟着自己的悟性成长，"她在学习别人的技法时从来知道自己需要的是什么，所以决不会被别人的技法牵着走"。艺术创作对她来说是一个向内发掘的过程，所以她无论学什么都不会失去自己的感觉，她笔下的一花一草、一砖一瓦都具有非凡的灵气，是生命神秘本质的流露，在近一个世纪的时光中，画坛上风云变幻，风格更替频繁，而她岿然不动，像王瑞芸感叹的那样："艺术家做到这份上才叫'上路'"。

是的，艺术要表达的，不正是这融入血液的鲜明独立的精神和个性吗？一个国家的艺术史，也该是富有个性、忠于灵魂的艺术家支撑起来的历史。

（《美国艺术史话》，王瑞芸著，金城出版社，2013年4月第1版第1次印刷）

2015年9月7日

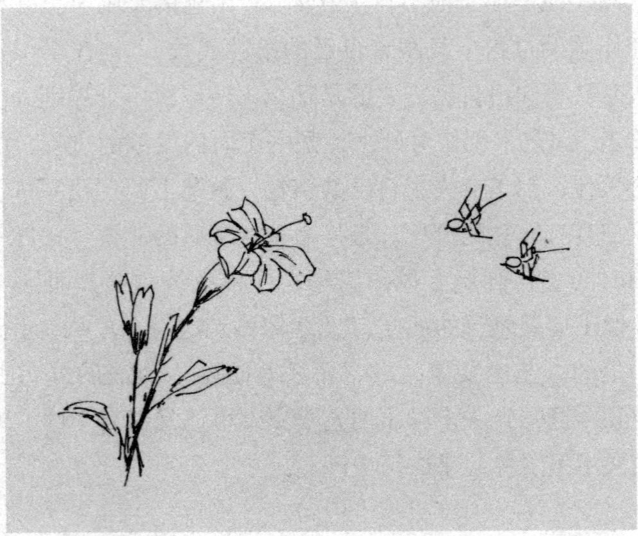

第二辑

一笔一画见性情

大家之所以成为大家,一定是有缘由的。要有天赋的才华、深厚的修养、高超的技能,还要有宽广的胸怀、阔大的视野、宏大的格局、超然的气象、高尚的品格;要兼收并蓄,又要保有自我、遗世独立;要悉心模仿,又要果敢超越。

清茶尺笺论艺事
——读吴藕汀《药窗杂谈》

吴藕汀，号药窗，该书是其子吴小汀摘自他与契友沈侗庼失散20年重逢后互通的400多封书信，选取的是其中的"谈艺"部分。

虽然每一篇都无标题，以日记体的形式呈现，但由于是与一世挚友书信往来，文字朴素平实，诚实恳切，颇为可信，于自然随意的家常之中展示了作者独到的艺术观念和艺术情怀，是不可多得的好书。

知音难觅，令我感动的是吴藕汀与沈侗庼的友谊。根据"代序"中的记述，吴藕汀和好友沈侗庼同为嘉兴人，抗战时期，两位与程阆秋、郭蔗庭皆住嘉兴殿基湾，时有书画合作，号称"殿基四家"。后吴藕汀被嘉兴图书馆派往湖州嘉兴堂藏书楼任职，渐与嘉兴失去联系。22年后，沈侗庼托人打听到吴藕汀的下落，于是有了长达17年的书信来往，直到沈侗庼去世。吴藕汀悼沈侗庼《邻笛词》一百阕详细记述了二人一

艺术卷：美轮，美奂

生的交往。另有词《金缕曲·悼契友沈侗廎》，难掩心中悲伤："哭也何为者，叹人生、恍犹梦幻，优昙哀谢。五十年来同臭味，交谊情深不假……得噩耗、心如刀剐。纵有乌丝千万卷，意难消、那日黄昏夜。君既去，谁当写。"17年中，吴氏致沈氏的信不少于450封，沈氏致吴氏的信409封。这些书信中的诗词唱和一度还曾酿成"棹歌案"，有人指责他们通信，并要求吴氏毁掉沈氏的原信，毁前，吴氏将沈氏所有的书信全文抄录在"练习薄"上，计62本，得已保存至今。

这些书信和情谊是这本书的根基——如果不是书信，或许还会掺杂更多的干扰和顾虑；如果不是知音、没有如此深厚的信任，或许这些谈话就不会如此地真实和畅快淋漓。两个有着独到艺术见地、宽阔艺术视野、坚定艺术自信，做着不懈艺术坚守与尝试但却无欲无求的老人，飞鸿传递，淡泊明志，自修自为，乐在其中，给人以扑面的好感。

谈艺，对"艺"自然得有开阔的视野，至少得阅遍天下名作，悉数历代人杰，谙熟各类风格。吴藕汀有这个条件。"我十五岁至二十五岁绘画，二十五至三十五岁是玩印，三十五至四十五是度曲，四十五至五十五是填词，五十五……"他说他起初画画并不是出于本心的爱好，但挡不住家里有很多诗词书画的名家收藏和当代大师的你来我往，耳濡目染，浸淫沾染是水到渠成、自然而然的事。自由洒脱、平静超然、不以艺术沽名钓誉，更不以艺术为饭事的天生性情和现实造化又使他超脱于艺术之上，陶醉在艺术之中，唯艺术而艺术，唯艺术而谈艺术，因此真挚中肯，不事渲染，自然天成。"但求画几张画，填几首词，风花雪月，不受限制，已很可喜的了，其他无所希冀。""现在我画画最好的条件是可以我行我素，人家说好也罢，说不好也罢，反正不是从这里去寻生活的。""求名求利，两不相干。"这大概是对于艺术最纯粹最诚恳的动机了吧！正因为此，也才有了一种"大不吝"的洒脱和舒畅，"我不喜古人，更不喜今人，所以我不考虑'独特偏见，一意孤行'了。任他好者好之，恶者恶之，哪管得这许多"。

　　但吴藕汀承认自己的绘画根源"也不是天上掉下来的"，"我也曾临摹过数以百计的名家画法，不论粗粗细细，人物、仕女、山水、虫豸、翎毛、走兽，甚至乌龙、博古都尝试过，难道说我要画唐某人、王某人那样的东西吗？我是不屑为。因为我有自己的一套，不去追随任何人"。他也不主张年轻人一上来就效仿大师直奔大师而去，而是记取白石老人的告诫："学我则生，似我则死。""除了临本外，不必要像这个，像那个。尤其是年轻人学老年人决没有好的结果。""名人的东西，不是处处是好，要学也要择其菁华，弃其糟粕，吸收进去，才有好处，盲目叫好，是无补于自己的。不合时宜，更不要理睬。艺术不是给人做奴隶的，否则就是亵渎了它的高贵品质。"但也不鼓励艺人就此轻浮和盲目高傲自大，"做一个艺人，对前人的作品，既要轻视，又要尊重。轻视可以表达自己的能力，不做奴隶；尊重是束缚自己的骄傲，帮助上进，都是

艺术卷：美轮，美奂

有好处的"。更不主张年轻人投靠"名画家"靠"借仙气"来投机取巧，而是要花真功夫。"我总想年轻人走上正规的路，不要学现在的书画界中的骗子和一班不择手段追求名利的小人。"

对于艺术，他自然有独到见解。阅尽大师名作，却又能逃出迷信的窠臼不被大师名作束缚，主张"胸无成竹"，追求自己独特的"气韵"和个人风格，呈现自己的面目，非常难得。张大千、徐悲鸿、齐白石的作品在他的眼里都有瑕疵，有的甚至不堪入眼。他能够就每位画家的具体作品条分缕析、区别评判，而不是一概的跟风和人云亦云，这与他长期形成的艺术鉴赏力是分不开的。

他痛恨徐悲鸿的中国画。"徐悲鸿的素描不能否定他不好，可以说好。但是一张《愚公移山》真不算是中国画。""徐悲鸿的画，只要不说他是中国画，我也很佩服他。"他不解在西洋画中已有很大声望的"徐某人"为何"偏偏要来毒害中国画"，在他看来，"'假中国画'比'假洋鬼子'更讨厌"。对张大千的"平庸"和"复古"，他也颇为审慎："张大千先生，我少年时很佩服他，现在看来也很平庸，尤其是山水，不过是'野狐'罢了，花卉也没有跳出扬州八怪。"他曾这样评判某画展上张大千的两张画："一是花卉石榴，平平而已；一是山水，乱七八糟，没有笔法可言，真是骗人的东西。""张大千的画黄山，是'黄山的黄山'，不是'张大千的黄山'，也就是说只有'客观'，没有'主观'。""大千自从卷入了复古的漩涡，到了敦煌，从此他的画随之一落千丈，远远抛在石涛之后十万八千里了。"对于齐白石的不能藏拙等他也有看法："白石老人还有一个缺点，就是不能藏拙，他的人物实在可怕，不应该再画。刻图章、作诗、写字都不好，只有花卉出人头地，我看比吴昌硕好。"对于李苦禅的匠气他也不敢苟同："李苦禅的用笔简直是刷帚，还像是什么画画，而且大笔小笔换个不停，不折不扣是个画匠。"对于郑板桥的"金钱重于交情"简直就是不齿了："金钱重于交情，我认为绝不是处世之道……因为郑板桥的一张润例，我对他很鄙视，你看我从来不大高兴提起郑板桥的。""艺术虽小道，首先要人品，学问在其次。"

在山水画方面，能够入他法眼的只有三人："我以山水而论，服者惟米元章、董香光与黄宾虹三先生而已，其次只有文衡山。"而三人之中，他又首推黄宾虹："我看近代张大千有才（这是天才），齐白石有学（这学是功夫），只有黄宾虹才当得起一个'韵'字。所以张大千、齐白石都没有完全脱去一个'匠'字。"对于黄宾虹的画作、观点他有颇多赞同，而黄宾虹于言谈之间对他也流露出赏识。即便如此，在对黄宾虹极尽欣赏的同时，对于其过于"求效果"等也持审视、批判的态度："宾老近一二年来，我对他老人家也有很不满的地方，总的说来是太求效果，陷于工匠。""求效果就是从俗，从俗就是不雅。求效果好比一张画看了又看，加了又加，甚至几天。""我认为宾虹先生山水中人物太不像人，并不是优点，应当要改善。一味地盲从他，也不是进取之道。"他认为："对

艺术卷：美轮，美奂

于艺术'守旧是没出息，创新是发神经'，艺术的境界是要在其基础上稳步前进，才是真正的道路。不跑也不行，乱跑也不行，是要在跑与不跑之间，才能提高和突破。"

吴藕汀将绘画"六法"中的"气韵为先"扩展到一切艺术，认为"艺术上是要讲究'气韵'的，写字、绘画、篆刻、属文等未尝不是如此"。而"'气韵'是无法学来的"，"诗词书画说来毫无神秘，其实十分神秘，只能知者知之，无法从言语和笔墨上来形容，此所谓'气韵'也。既不能著实，又不能空虚，真真假假，假假真真，在似真非真、似假非假之间，才算是'艺术'"。在书信中，他直言不讳地对好友说自己的画"已超出一般人想象"，显示出由衷的自信。他说："画画要和演戏一样，不能太像，也不能不像，而且既不能太真实，也不能离真实太远，所谓要'进进出出，出出进进；真真假假，假假真真'才是道理。"关于画山水，他主张墨多于笔，笔要藏而不要露，"笔不露锋，便是好笔，气韵即在此"。对"拙"与"巧"，他也有很多论述，主张拙而反对巧："北宋人填词，有些句子似通非通，好像硬凑，那就是得了'拙'字的诀窍。""近代只有齐白石和晚年的黄宾虹，很有'拙'的境界，如徐悲鸿辈去之远矣。""齐白石的画比吴昌硕要好，是在他的'抑'——'拙'，'扬'过之而'抑'不足，还不及王一亭。""徐悲鸿的马，除了画错后腿外，还太剑拔弩张，有凌人之势，不过扬而已，抑者不足。""宾虹老人晚年的作品，说它是画，简直是照相，说它是照相，明明是画。就是这样，

· 146 ·

不易学到的功夫。""为什么宾虹先生越是老年，气韵更加浓厚，这与骨气二字是分不开的。""王福厂的篆刻，总没有邓粪翁来得漂亮，言菊朋敌不过马连良，也是这个缘故。归根结底，仍脱不了'拙'与'巧'。"对于黄牧父的刻印，他说他见了也不要，因为"很有作家气，一无气韵可言"，"因为没有气韵，很容易学，所以博得一些无术的人所赞扬。现在很多人赞扬他，因为不知道气韵为何物也"。

同时他认为，词也是"有韵的语言"。在填词方面他颇为自信，一生当中自感得意的一是刻印，一是填词。书中引用他的词虽然不多，但能看出的确纯正自然、工稳流畅、富有美感。在填词方面他唯推北宋，反对诗人作词、文人作词，主张"词要姓词，不要姓诗，也不要姓文"。与诗、文决裂，从而保持词之为词的天然特性。"北宋以下的词，一首也看不得，否则就要落入魔道。因为北宋是词，北宋以下就不是词了。""三百年来（明清不必说）没有一人作得好词，就是因为大家都会作诗的缘故。"这个观点与"词是诗的特殊形式"、词与诗密切相关的论调是截然不同的，想必亦是吴老在艺术道路上特立独行的独到心得。他说："自从明清以来，填词的人百分之百是从诗文中搞出来的，可以大胆说一句，会填词不会作诗，一个也没有，除非是北宋人。""清朝人以及近代人填词，很少人能够发挥自己的性格，都是在文字上打转，所以总不及北宋人那样自然有生气。""词实在是有韵的语文体，有点闲谈家常的情调。""我是民间的词，不是士大夫的词，与明清两代的人是格格不入的。""近几百年来，不会作诗而学词，我是第一个，在填词之前从来没有作过一首诗……所以曾经大言不惭地说'画多让于人，而词则不多让于人。'""我也不想与人一争高下，将来的人自会知道的。"录一首其怀念内子的词，供大家赏读：

长相思慢
题内子丁丑清明盐官留影

紫燕梁间，黄鹂树上，春光明媚新晴。墙花已绽，路草方匀，交融多少心情。并驾车舲。喜观涛翻雪，望屿罗星。柳色曳空亭。坐乌犍，衫杏风迎。叹换得相思，带来幽怨，挑尽旧梦孤灯。何堪留倩影，看当年，笑貌频仍。泪雨纵横。难释憾、归偕未曾。任鸳鸯、湖边淡月，黯然破镜无声。

他强调天赋，认为"艺术一事，全仗天才，'学'是没有多大效果的"。他赞同"生出来志气，学出来臭气"，不主张过分地"求效果"。比如诗，"应该随口吟来，便是天籁。比兴是要在无意中得之，乃是好诗。因为寻求比兴而去作诗，绝不会有好诗的，何况也失去了诗的原意"。在一封信中他曾经劝诫好友："我兄作诗经常要改动，最好也要戒去，以存其真。"同时，他也抨击诸如左手写字、指头画花之类的，认为是故弄玄虚，如同马戏团里的杂耍，都是旁门左道，难登大雅之堂。"一种艺术的好莠是另一问题,第一是要正宗,不取巧,实事求是,不调花腔,才是正理。诚实则可靠,否则都是滑头码字和骗子之流。"

除金石书画之外,他还对影视、文学等有所涉猎,对于《红楼梦》,他有三个基本论点:一,该书不是曹雪芹所作;二,曹雪芹不是曹寅的孙子、曹頫的儿子;三,曹雪芹不是贾宝玉。对此他有详细的论据,在此不赘述,留待对红学有兴趣的朋友自己去看。

如黄宾虹对他的评价:"人弃我求,为斯世难得之人。"然而"曲高和寡,千古定论",偶尔吴藕汀也会陷入片刻的孤独,但他似乎并未绝望,他在书信中对好友说:"我实在好比被一些低等动物所包围,不得不发出电波信号,总有一天会被高等动物包接收到。倘使你不发出,那么纵有高等动物也接收不到,你说是吗?"我想,是这样的。

读此书期间曾作打油诗,一并录于此,以作纪念:

一

性情笔墨托尺素,
旷世知音付清谈。
诗词画印有风骨,
自是气定又神闲。

艺术卷：美轮，美奂

二

一世无求天地宽，
大千悲鸿难入眼。
胸中自有丘壑在，
三两老友惟赏玩。
旷古辞章推北宋，
抱朴守拙法自然。
清茶尺笺论艺事，
除却气韵不须谈。
阅尽名篇无成竹，
兴来舞墨两三点。
涓涓不壅为江河，
大师不足成羁绊。
清居闲屋任尔尔，
一任风雨掠山岚。
书画无关温饱事，
自在挥洒格自现。

（《药窗杂谈》，吴藕汀著，中华书局，2008年7月第1版第1次印刷）

2012年11月18日

细致入微的传授

——读李永翘《张大千艺术随笔》

虽未像《刘海粟艺术随笔》那样堆砌了很多理念，但字里行间却也传授了不少作画的经验，言简意赅，是学美术的科班生一定要读的。比如他以极简的语言总结了个人学画的十二点经验：临抚——勾勒线条来求规矩法度；写生——了解物理，观察物态，体会物情；立意——人物、故事、山水、花卉，虽小景要有大寄托；创境——自出新意，力去陈腐；求雅——读书养性，摆脱尘俗；求骨气，去废笔；布局为次，气韵为先；遗貌取神，不背原理；笔放心闲，不得矜才使气；揣摩前人要能脱胎换骨，不可因袭盗窃；传情记事——如写蔡琰归汉、杨妃病齿、溢浦秋风等图；大结构——如穆天子传、屈子离骚、唐文皇便桥会盟、郭汾阳单骑见虏等图。比如他总结出绘画的三美，即大、亮、曲。"大"是角度大，"虽小景而有大气势、大寄托"；"亮"一幅画要在众多作品中最突出最醒目，能一眼被认出；"曲"不仅求之于画面，还求之于画意和

艺术卷：美轮，美奂

画境，都是值得认真揣摩的。

不同于刘海粟的抽象说理，张大千简明扼要的传授是细致入微的，细到人的眼睛怎么画、梅的枝干怎么画、荷的性情怎么出、画鸟先画什么后画什么，等等，技巧的传授之中自然又渗透了丰富的绘画理念。他说："最要紧的不在技巧，而在气味如何。""作画，务求脱俗气，洗浮气，除匠气，去秽气！""作画如欲脱俗气、洗浮气、除匠气，第一是读书；第二是多读书；第三是须有系统有选择地读书。"

张大千身体力行了这一点。但凡能称得上大家的，必定有着深厚的学养、广博的见识和开阔的视角，当东方画家，像刘海粟，旅居海外学习西画的时候，毕加索不也在悉心临习中国画吗？毕翁的草稿为大千亲眼所见，没有深厚的大学问、大视角，难有大艺术。修习学问的过程，也是人品修行的过程，一个人的作品要入化境，除有大技巧、大学问和天赋的才能之外，还必有高尚的人格和人品。而这些素养，就都在画中了。

因此，绘画如同其他艺术，能表情，能达意，能抒发志趣情怀，是一件极尽愉悦之事。

当然，他蛰居敦煌潜心作画的两年零七个月，也是不容忽视的经历，在此期间，获得了对雕刻艺术的深入见解。

作者在书中还写了几段有趣的自身经历，如被土匪劫持，阴差阳错地当了三个月的黑师爷；因爱情故做了一百天和尚，当到了第一百天，老法师要求其剃度之时，他却临阵逃脱了。

最令我感动的，是他和李秋君的爱情。虽然他们没有结婚，虽然与此同时张大千受母之命已有四房妻室，虽然按照李秋君的家规不可能作别人之妾，但她终身不嫁，伴张大千左右，无肌肤之亲，却有缱绻之情。二人合庆百岁寿诞，金石家陈巨来刻文章"百岁千秋"，将二人名字同嵌其中，成为大千美好回忆。而二人更是约定，死后临穴而葬。虽超越了身体血肉，克制隐忍，但却不改初衷，执着笃定，这不是爱情又是什么？彼时我想起金岳霖之于林徽因，一样的真挚执着，但不同的是，金岳霖更倾向于一厢情愿。相比之下，张大千与李秋君的爱情，更加绚烂夺目。

　　跨越生死，超脱世俗，以纯净的心念追求深处的真情，或许，这也是爱的大艺术吧！

（《张大千艺术随笔》，李永翘编，上海文艺出版社，2012年3月第1版第1次印刷）

2012 年 7 月 17 日

艺术卷：美轮，美奂

不为高飞格自高
——读徐建融《潘天寿艺术随笔》

　　《潘天寿艺术随笔》昨日于京城雨天读毕，心情如今日晨曦般清爽愉悦。艺术之事，乃赏心悦目之事也。

　　此随笔思想之丰盈，较之《刘海粟艺术随笔》和《张大千艺术随笔》不差。除共有的品德学问、气度胸怀和深远见识之外，潘老先生在题款印章、用墨用彩等许多方面有独到心得，专修者读之必幡然获益，欣赏者读之必悦目赏心。

　　对于妙品、极境，潘天寿在书中多有论述，如："画须有笔外之笔，墨外之墨，意外之意，即臻妙谛。""画事之笔墨意趣，能老辣稚拙，似有能，似无能，即是极境。""画能随意着笔，而能得特殊意趣于笔墨之外者，为妙品。""宇宙间之画材，可谓触目皆是，无地无之。虽有特殊平凡之不同、轻重巨细之差异，然慧心妙手者得之，均可制为上品。""画事源于古，通于今，审于物，发于学问品德，即能不落凡近矣。""作画要写不要画，与书法同。一入画字，辄落作家境界，便少化机。张爱宾云：'运思挥毫，意不在乎画，故得于画矣。'""神与情，画中之灵魂也，得之则活。""'治大国，若烹小鲜。'作大画亦然。""反之作小幅，须有治大国之精神，高瞻远瞩，会心四远，小中见大，扼要得体，便不落小家习气。"均能引起共鸣。然而，要得笔外之笔、墨外之墨、意外之意，天资、功力、学养、品德缺一不可，"画事须有高尚之品德，宏远之抱负，超越之见识，厚重渊博之学问，广阔深入之生活，然后能登峰造极"。

他同时在布局谋篇、用笔用墨等方面也讲了许多技巧和经验。"画事以笔取气，以墨取韵，以焦、积、破取厚重。""淡色唯求清逸，重彩唯求古厚，知此，即得用色之极境。""画事之布置，极重疏、密、虚、实四字，能疏密，能虚实，即能得空灵变化于景外矣。"并引李晴江题画梅诗来谈取舍："赏心只有两三枝"，入画亦只需有两三枝。"墨色易古不易俗，彩色易俗不易古。"等等。

潘天寿重视题款，认为"作画须会心于空白处"，并著文专门研究，对"题款美"给予热情的诠释。他说："画事不须三绝，而须四全。四全者，诗、书、画、印章是也。"铭赞、诗词、长论短跋、姓名图章，适度补充了画面上的空虚，为画面增添无穷意趣，成为中国绘画不可或缺的一部分。潘天寿对穷款、长款、多处款以及单款、上款、下款、双款等一一作了讲解和说明，并对题款与图章的关系等作了论述："纸尚白，墨尚黑，印章尚红……在白的纸黑的画中，钤以深红的图章，

艺术卷：美轮，美奂

尤足以提起全幅画面的精神。"他说款的题法千变万化，各不相同，多看多写，自可获取心得，然而普通共同的原则，却不能不加认识。比如题款的书法须与画面调和配合、题款的字以较密为宜等，使我增长了许多见识。细到工笔人物写什么书法，写意山水怎样补白，兼工带写又如何布置，引首章加盖何处，画角章如何应用等，非常受益。

关于印章更是辟出《治印丛谈》，对"六法""五病"等作专门论述："画有六法，印亦有六法。一曰气韵生动，二曰刀法古劲，三曰布置停匀，四曰篆法大雅，五曰笔与刀合，六曰不落俗套。""学无渊源偏旁凑合篆病也，不知运笔依样描画笔病也，转折峭露轻重失宜刀病也，专工于趣放浪脱形章病也，心手相乘因便苟完意病也，此之谓五病宜深戒之。"还说印章同时忌"六气"："一曰俗气，如村女涂脂。二曰匠气，工而无韵。三曰火气，有刀法而锋芒太露。四曰草气，粗鲁太甚绝少文雅。五曰闺阁气，描条软弱，全无骨力。六曰龌龊气，无知妄作恶不可耐。"他认为人品说同样适用于治印："人品不高落墨无法，治印亦然。""凡人笔意各出天性，或出清秀或出浑厚，各如其人，但得情趣，均成佳品。"潘老先生还在大小印的制印要领上道出自己心得："治大印粗文勿臃肿，细文勿懦弱，治小印要跌宕而有丰神。"

而印章不仅有神品、妙品、能品和逸品之别，治印者更是有自己的脾气个性，如《秋水园印说》所云，琴有不弹，印亦有不刻。石不佳不刻，篆不配不刻，义不雅不刻，器不利不刻，兴不到不刻，急风暴雨、烈暑严寒不刻，对不韵不刻，不是识者不刻，此所谓"八不刻"。别处另有"四不刻""五不刻"之说，均道出了一方印章的气质风骨。如潘天寿所说："点画之间自地天地，方寸之内自有丘壑，顾不可以雕虫小技视之。"

　　本书的编者更是有心，将潘老先生的题画诗跋、读书眉批、论画残稿、诗賸自序等作了集纳汇编，任读者赏玩，其中意趣，总能于不经意间得之。潘老先生跋中有云："会心在四远，不是为高飞。"我在想，不为高飞者，是否格趣自高、道途自远呢？遂有心得如下：

　　　　会心四远纵笔意，
　　　　不为高飞格自高。
　　　　携古开今入化境，
　　　　超然故我任逍遥。

　　是为记。

（《潘天寿艺术随笔》，徐建融编，上海文艺出版社，2012年3月第1版第1次印刷）

2012 年 7 月 22 日

一画之法，乃自我立
——读沈虎《刘海粟艺术随笔》

喜欢读艺术家的随笔，如同书画同源，艺术和文学也是相通的——艺术家的文字里多半有着不俗的艺术气质，读来十分舒服。从《幕落时分》到《苦修者的圣地》《陈丹青音乐笔记》《多余的素材》，再到《梵·高艺术书简》，屡试不爽。这本《刘海粟艺术随笔》也没让我失望。

并不很熟悉他的画，但却很赞同他的艺术理念。读完这本书后，知道大家之所以成为大家，一定是有缘由的。要有天赋的才华、深厚的修养、高超的技能，还要有宽广的胸怀、阔大的视野、宏大的格局、超然的气象、高尚的品格；要兼收并蓄，又要保有自我、遗世独立；要悉心模仿，又要果敢超越。总之那是很难达到的境界。因首倡人体模特而得"艺术叛徒"之名的刘海粟，身上就有这种特质。

当他首次引人体模特回国之时，曾遭到一片唾骂。面对这个说不清的话题，我想象不出他该如何抵挡。然而，他从美的两要素谈起，由浅入深层层剖析，并列举了西方美术的大量例证，竭尽全力来证明人体美为至美："人体既充分具有美之两种要素，外有微妙之形式，内有不可思议之灵性，合物质美之极致与精神美之极致而为一体，此人体之所以为美中之至美也。"同时通过对中国社会历史文化根基的透视，剖析"国人厌恶人体之病源"，读来是令人信服的。

是中西兼具的深厚修养和见识给了他这种眼光、自信和勇气。他基于西方美术的"世界性质"研究世界美术，以期洋为中用，推动中国美术的创新和发展。几年的旅欧考察和研究，使他理清了欧洲艺术的基本脉络，对意大利及其他各地文艺复兴时代、欧洲艺术流派兴起的时代、19世纪以后迄于当代的艺术获得了完整的印象，对学院派、野兽派、印象派、新印象派、后期印象派等每个时代的艺术流派和代表作家、作品作了独到分析，对马蒂斯、马奈、梵·高、米开朗基罗等各有推崇，对后期印象派更是推崇备至。

他同时研究国画的发展和流变，作中西比较之研究。发现石涛与三百年后的后期印象派在艺术理念上的暗合和殊途同归，并对之赞赏有加："能探求物象内面之意义，将自己之情感韵律表现出来，才是艺术家。要是仅仅描写自然之表面，即有极巧之技术仍属画工也。后期印象派之画家确是艺术家！可称为后期印象派不祧之祖的石涛，尤其是大艺术家！"学习西画，而他更强调中国画"受人的影响，但又要有自己的东西，这非常重要"，以期保持中国绘画的独特个性。

艺术卷：美轮，美奂

　　他倡导国画，"世界艺学，实起源于东方，东方艺学，起源于中国"。对于画杰石涛、石溪、八大给予了极高评价，谓之"本其主观之情，而成恣意之画，超然脱然，既无系统之传承，又无技巧之匠饰，著象于千百年之前，待解于千百年之后，真永久之艺术也"！他说："在中国艺术史里，从王维到现在，这一千一百六十八年间，不少高品位的艺术，但是怎能比得上八大与石涛的伟大，永远在艺苑里，放射不朽的光辉。再没有人，能够在文艺的范围内，运用他那宏大的想象，画成这样伟大的图幅，创造这样神奇的生命。东方有了他们，东方艺术可以不朽；他们代表东方极高度的天才，也许在全人类的艺术创造上，建立了永恒不易的基础。"同时他还介绍了石涛"至人无法。非无法也，无法而法，乃为至法"，"不可雕凿，不可板腐，不可沉泥，不可牵连，不可脱节，不可无理。在于墨海中立定精神，笔锋下决出生活，尺幅上换去毛骨，混浊里放出光明。纵使笔不笔，墨不墨，画不画，自有我在"，"一画之法，乃自我立"等艺术理念，非常受用。

　　作为杰出的画家和艺术教育家，他在艺术理论方面拥有自己的独到见解，比如他强调诗书画结合，书画同源，"画是无声的诗"，"诗、书、画都要学，一定要会书法，一定要懂诗。在一张画面上，没有画到的地方也要有画意。题一题可以使画面更美、更完整。有了书法基础，懂了诗词，笔墨就不同了"。诗书画结合，有时可达到"意到笔不到"的妙境。

　　对于中国绘画的"六法论"，他以大量笔墨论述了"气韵生动"的重要，认为"气韵生动"是"六法"之首要，也是创作和批评方面的最高准则。同时对于中国画的意境、笔墨以及构图处理、物象表现、墨分五色等技法技巧均作了详细论述，相信无论对于艺术创作者还是艺术欣赏者都有诸多裨益。

他强调独特生命和个性的艺术表现以及艺术创新，认为："现代的真有深味的艺术，必定是向着动的活的那里进行，由创造的方面建立一种人生。""最高尚的艺术家，必不受人的制约，对于外界的批评毁誉，也视之漠然。""艺术的表现，要内部的激动越强越好，越深刻越好。表现在画面上的线条、韵律、色调等，是情感在里面，精神也在里面，生命更是永久地存在里面。""绘画就是创作的动机纯在直觉里面，表现出自己的生命来。""'求真'在艺术家是必要的事情，但是艺术家的求真不能在忠于自然上讲，只能在忠于自我上讲；艺术的要求也决不是在仅仅求得一片自然的形似；艺术是自我的表现，是艺术家内在冲动'不得不尔'的表现。"他虽拿石涛为例，认为石涛表现的并非山林花草，而是高贵的自己，实则也是他自己的切身体会和志趣寄托。

对于艺术家个人，他有着自己的倔强和坚持。"非性格伟大，决无伟大的人物，也无伟大的艺术家。""伟大的艺人，他是不想成功的，他所必要者就是伟大。""有伟大之人格，然后有伟大之艺术。江湖卖技，专门为阔人富人画画肖像之徒，乃为画匠，不足以与言艺术思想也。"而"伟大的艺人，只有不断的奋斗，接续的创造，革传统艺术的命，实在是一个

艺术卷：美轮，美奂

艺术上的叛徒"！更像是对自己"艺术叛徒"之名的反抗。他自称"个性颇强"，他说："现在这样丑恶的社会，浊臭的时代里，就缺少了这种艺术叛徒。"他将梵·高"置之于艺术叛徒之首"，称梵·高是近代艺坛最伟大之画家，"天纵之狂徒，太阳之诗人"，"他只拿他独觉的心境，表现他那狂的天才"，"我敬此艺术狂杰，吾敬此艺术叛徒"则仿若是对自己之影射，是其本人深刻的自我认同。

总之，这是本不错的书，因合自己口味，开卷有益，而且受益颇多。

（《刘海粟艺术随笔》，沈虎编，上海文艺出版社，2012年3月第1版第1次印刷）

2012年7月10日

美术，人类精神之奢侈
——读徐悲鸿《悲鸿随笔》

这本书翻开几次，每次又被我放下，也许是里面的半文言读起来略显艰涩，也许是缘分所致。读书就像遇人，也是讲究机缘的。几经努力，还是越过了他的自传部分，直接读谈艺的部分，期待从艺术家的经验里有所启发。

对于中外历史上的艺术家，徐悲鸿有着强烈的好恶，中国历史上的画家他恭敬王维、吴道子、曹霸等，却瞧不起董其昌、王石谷等，认为是"乡愿八股式滥调子的作品"。"中国三百年来之艺术家，除任伯年、吴友如外，大抵都是苏空头。"他对任伯年推崇有加；"吾国近人中最擅色彩者，当以任伯年为第一。""吾国最手巧之艺人，推任伯年。"对于彼时借助商人庇护而大享其名的法国近代塞尚、马蒂斯工，又毕加索、大冷之辈，并日本人嗣治等，"其作品皆狗矢之类"。

谈及文人画，称王维是鼻祖，王维之后，多是空洞的敷衍。"王维的诗中有画，画中有诗那样高超的作品，一定是人人醉心的,毫无问题,不过他的末流,成为画树不知何树,画山不辨远近,画石不堪磨刀,画水不成饮料,特别是画人不但不能表情,并且无衣无骨,架头大,身子小。"他反对文人画言之无物:"今不把握一物,而欲以笔墨寄其气韵,放其逸响,试问笔墨将于何处着墨。"

他强调观察物象,画身边的事物,反对一味临摹,如董其昌等:"绘画的老师应当不是老师而是实物。画家应该画自己最爱好又最熟悉的东西,不能拿别人的眼睛来替代自己的眼睛。""没有人懂得就不是好东西。""艺术家应当走写实主义的路,写自己所不知道的东西既是骗人也是骗自己。"

他认为青年时期应认真观察物象并下真功夫:"须在三十以前养成一种至纯至精确之力量,而后制作可以自由。""艺术乃最无束缚极度自由之世界,故襟怀广博,感情敏锐之士,以几年苦工,把握物象之色相,以后即可骋其才思所至,尽情发挥,毫无顾忌。"

关于美,画家有自己的理解:"物之美者,或在其性,或在其象。""至美者,必性与象皆美。""美不必出于一致,善不必出于一途,因各人性格之不同也。""而必求其极致。""最重要之德曰和。"

关于诚和巧,他认为:"至诚无息,不息则久,久则征,征则悠远,悠远则博厚,博厚则高明。""治艺之大德莫如诚,其大敌莫若巧。欲大成者,必先去其巧。""欲振艺,莫若惩巧;惩巧,必赖积学。"

关于文艺和美术,他说:"文艺所凭借之内在的力量有二:曰笃信,曰自由。""夫充实之谓美,充实而有光辉之谓大,大而化之之谓圣。""美术是人类精神上之奢侈。""美术的敌人有二,就是穷与忙;而他真正的死敌,乃是漠不关心。"他主张发展博物馆:"人才多了,有意义的作品多了,并藏在公共地方为大家欣赏,并晓得欣赏,那便是文艺复兴了。"

他肯定了花鸟画对于世界的贡献:"吾国美术,在世界最大贡献,为花鸟也。"和读过的其他几位艺术家,比如张大千、刘海粟等相比,悲鸿的言辞里似乎少了一些平和,多了一些激愤,大概性格使然。而《悲鸿画集》序中描述的一个场景却显得美好宁静:"夫窗明几净,伸纸吮毫,美景良辰,静对赋色,非人生快意事耶?""当其兴之所至,精灵汇聚,神明莹澈,手挥目送,自以为仙。"而这,也正是美术最深处的魅力吧?

(《悲鸿随笔》,徐悲鸿著,江苏文艺出版社,2007年4月第1版第1次印刷)

2013 年 6 月 18 日

艺术卷：美轮，美奂

寂寞之道，磊落一生
——读齐白石《余语往事——齐白石自述》

  这本书分四个部分，其中第一部分为齐白石先生的世侄张次溪先生的笔录，内容涉及白石先生的家世、生平及其学画刻印的经历，全部根据白石先生四十年来的自述及遗愿加以整理，笔录者尽量忠实于白石先生的讲述，还原画家的心路历程和思想轨迹，口吻与后面三章白石先生自著的谈艺小文、序跋日记等一脉相承，相互印证，较为可信。

  齐白石先生生前本想委托他所赏识的金松岑丈为自己撰写一部传记，自述材料由张次溪先生笔录并随时寄给金松岑丈先生，但世事难料，后来经过卢沟桥事变等战事、波折，一度人事两茫茫，著书事不得不中断。待多年过去，等白石老人得以有机会重提此事，金松岑丈却早已不在人世了。这个重任就落在了张次溪先生的肩上，他主动请缨自传由他来写，那时的白石先生已是86岁的老人了，身体、精神大不如前。张次溪先生也是有病缠身，讲述和记录的工作只能断断续续。有一

· 166 ·

天，等张次溪先生病情好转再去找白石老人希望他再多讲一点的时候，没想到白石老人也去世了。为了兑现对白石老人生前的承诺，他把这本书的出版当成了责任，也是了却自己一桩心愿，于是有了今天的这本书。虽然张先生因该书没能在白石老人生前完篇，没能让白石老人亲眼看到而感到万分遗憾。

作为中国画的一代宗师，为后人留下一些启示是先生的功德，亦是后人的福报。而齐白石之所以能够成为大师，除了天赋和机遇之外，更重要的是下了一番常人无法企及的苦功夫。齐白石，本是放牛、砍柴的穷苦出身，跟着外祖父读了不到一年的《三字经》《百家姓》和《千家诗》，就不得不回家打杂艰难度日了。后来有人能够收留他为徒，使他做上木匠活并成为乡里乡外的"芝木匠"，对他来说已是莫大的幸运，所以即使后来成名成家，他依然念念不忘他的木匠出身。"齐白石的'白石'二字，是我后来常用的号，这是根据'白石山人'而来的。离我们家不到一里地，有个驿站，名叫白石铺，我的老师给我取了一个'白石山人'的别号，人家叫起我来，却把'山人'两字略去，光叫我齐白石，我就叫自己齐白石了。其他还有木居士、木人、老木、老木一，这都是说明我木工出身，所谓不忘本而已。"尽管在他做木匠期间，时不时地有人瞧不起，使他受尽了委屈。

他绘画的兴趣是在短暂的读书期间被偶然激发出来，从无聊的课间画门神开始的，如此地写写画画直到辍了学也没有终止。但这些画都是凭借悟性在混沌中的摸索。后来，他在

艺术卷：美轮，美奂

去别人家做木匠活的时候，无意中看到一部乾隆年间翻刻的《芥子园画谱》，才知道自己以前画的东西"实在要不得"。他对这本《芥子园画谱》爱不释手，如获至宝地从人家那里借了出来，一遍遍临摹，每天收工回家后在松油柴火灯下一幅幅地勾画，订成十六本，从此，他的雕木花活也以《芥子园画谱》为根据了。木工的训练，对他日后的绘画、工笔草虫乃至金石刻印的造诣都是极大的促进，为他打下了坚实的基础。

后来，在兴趣的驱动下，齐白石又结识了他的老师沁园先生，并得到沁园先生的赏识、指导、提携和资助，逐渐学习到："石要瘦，树要曲，鸟要活，手要熟。立意、布局、用笔、设色、式式要有法度，处处要合规矩。"沁园先生还给他介绍其他老师让他学山水、学裱画、学作诗，为此，他的眼界、学识和画技大增。以致后来他还加入龙山诗社，成为龙山七子之一。后来，又遇徐悲鸿、陈师曾等贵人，很得知遇之恩，同时应邀赴各地为人画画，在此过程中饱览了名山大川和八大山人、徐青藤、金冬心等的名画真迹，使他后来的绘画路途较为平顺，直达巅峰。

然而他始终与官场保持距离，即使成名成家，有人请其做官，他也婉言拒绝，充其量到艺专任过短期教员。用他自己的话说："我一辈子不喜欢与官场接近。"偶有社交应酬，亦是不甚愉快，为此还曾留下一段轶事："有一次，我到一个大官家去应酬，满座都是阔人，他们看我衣服穿得平常，又无熟友周旋，谁都不来理睬。我窘了半天，自悔不该贸然而来，讨此没趣。想不到兰芳来了,对我很恭敬地寒暄了一阵,座客大为惊讶,才有人来和我敷衍,我的面子,总算圆了回来。事后,我很经意地画了一幅《雪中送炭图》,送给兰芳,题了一诗,有句说:'而今沦落长安市,幸有梅郎识姓名。'势利场中的炎凉世态,是既可笑又可恨的。"

　　齐白石的一生以卖画为生。就在两年前我去北京画院看齐白石画展之时,看到他的画前被他标写了润格,我的内心还曾对画家萌生过一丝偏见——在我的印象中,一个时时处处将润格挂在嘴上的画家,多多少少是有一些俗气的。然而读了他的自传,读及他一生靠画为生,但并不为斗米折腰,我对他有了全然的理解,理解中还多了一些敬佩。在卖画的一生中,他还是有自己的脾气和性格的,比如他对官员,就少有恭迎和客气,始终保持了一份戒备。在他79岁的时候,北平沦陷,他深居简出,重操旧业,以卖画为生,但他识破了官匪的无赖德行,在大门上贴出"画不卖与官家,窃恐不祥"的告白,说:"中外官长,要买白石之画者,用代表人可矣,不必亲驾到门。从来官不入民家,官入民家,主人不利。谨此告知,恕不接见。"联想到今天,这样的艺术家还多吗?而在国难当头、受外夷欺侮之时,他同样保持了自身的气节,在他83岁时,受卢沟桥事变的影响,他贴出"停止卖画"的告示被迫关门,并赋诗曰:"寿高不死羞为贼,不丑长安作饿饕。"并说我是宁肯挨冻受饿,也决不甘心去取媚那般人的。有人劝他游历日本,卖画致富,他也婉辞拒绝:"余答以余居京华九年矣,可以过活,饥则有米,寒者有煤,无须多金反为忧患也。"而进入老来之境,回顾生平,他也偶发感慨:到老难胜漂泊感,人生最好不聪明。

他以时间的顺序讲述和记录这些文字,也许听起来时有平淡之感,然而在出生、放牛、娶妻生子、一波三折的琐事之外,还是不时地闪烁着老人不凡的气度和思想的光芒,这些点滴,在他的讲述里,也在他的生活和画中。他的生平,大半与绘画相依、相缠,而他在绘画方面,也有很多独到的见解值得分享。比如他说:"画中要常有古人之微妙在胸中,不要古人之皮毛在笔端……立足如此,纵无能空前,亦足绝后。学古人,要学到恨古人不见我,不要恨时人不知我耳。""舍己从人,下笔非我心手,焉得佳也。""画家不要以能诵古人姓名多为学识,不要以善道今人短处多为已长。总而言之,要我行我道,下笔要我有我法,虽不得人欢誉,亦可得人诽骂,自不凡庸。""凡大家作画,要胸中先有所见之物,然后下笔有神……开口便言宋元,所画非所见,形似未真,何能传神,为吾辈以为大惭。""夫画者,本寂寞之道,其人要心境清逸,不慕官禄,方可从事于画……不求人知而天下自知,犹不矜狂,此画界有人品之真君子也。"

对于古人名画,亦有自己见解,他说从来画山水者唯有大涤子(石涛)能变。他又说:"吾亦变,时人不加称许,正与大涤子同。独悲鸿心折。"他说刻印者能变化而成大家,得天趣之浑成,别开蹊径而不失古碑之刻法,从来唯有赵㧑叔一人。他说前代画山水者,董玄宰、释道济二公无匠家习气。对于胭脂如何不褪色,鸟怎么画生动等细节和技巧也有表述,当看到他写"鸽子大翅不要太尖太直,尾宜稍长。要记清鸽子的尾毛有十二根",我想起他的一名弟子在《学画记》一文中忆及他对写生对象所下的功夫时,说他恨不得将鸟的身上几根羽毛、鱼的身上几只鳞片都说得一清二楚,内心油然升起一股敬佩。

大师之成为大师,绝不是一夜间从天而降,大师之言,对于我和如我一样的学画者必有启发和裨益。

(《余语往事——齐白石自述》,齐白石著,文化艺术出版社,2015年1月第1版第1次印刷)

2015 年 12 月 10 日

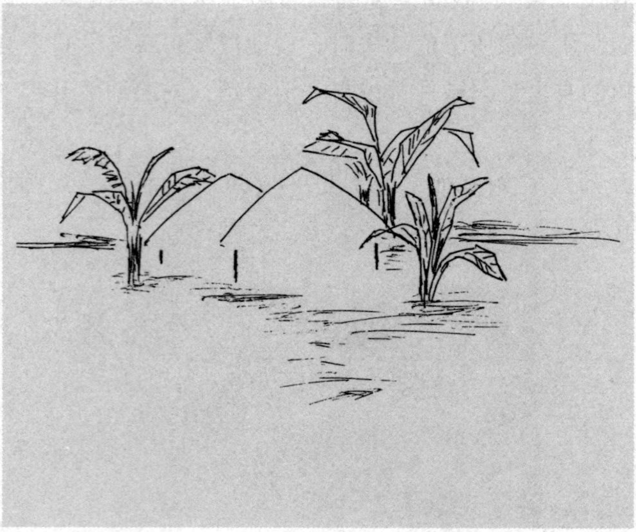

第三辑 美在生活,以心相许

当历经了百年,当艺术家早已离我们而去,当他的作品依然带着澎湃的呼吸与我们作着跨越时空的感应与对话,并激起生命深处亘古常新的能量,难道我们不该赞美与致敬么?

悲悯情怀，朽者不朽

——观"朽者不朽：中国画走向现代的先行者陈师曾诞辰140周年特展"

不看前言不看说明不看评论，站在中国美术馆五层展厅陈师曾先生的"北京民俗"系列前，扑面的感染力一下子漫溢开来，直抵心灵，头脑中瞬间呈现两个字——大师。

大师之所以成为大师，是他的作品不用解释，不用借助其他外在的语言，由作品本身散发出一种扑面的活力，无论在什么时候，无论在大师去了多久，依然触动着人们的灵魂，拨动着人们的心弦，使后人站在作品前的刹那依然能够感受到向善向美向好的启示和指引，生命中一种不灭的力量导引着人们看到更加悠远更加美好的未来和想望。

也许这，就是此次展览的主题——"朽者不朽"。

在我个人看来，此次展出的三个系列中，北京民俗系列是最有特色、最精彩的部分，它体现的不是技巧、技法，是画家天性善良、悲悯的情怀和体恤。技法、技巧只促成了二流的

艺术卷：美轮，美奂

艺术，内在天赋和天性之中的天然品质里才蕴藏着挡不住的优秀。这个系列无非是日常生活、街头巷尾之中司空见惯的、常而又平常、平凡而又平凡的所见所闻，平凡到《乞婆》《算命》《收破烂》，平凡到《话匣子》《回娘家》《卖切糕》《卖烤白薯》，但简洁的笔触将人物的一颦一动、表情神态抓取得十分神妙，情感、情绪被表达得淋漓尽致——这便是画家的过人之处——能在平凡的事物中找到美、升华情感和境界的，都是不俗之人，都对这个世界怀有温情、细腻的领会。我不知道留心关注乞讨、拉车、收破烂者能有几人，但在陈师曾先生的这组民俗人物画里，我分明看到了一颗普世关怀的心灵。这份情怀和情感，在梵·高笔下农民的《一双旧鞋子》里曾经见到，在我过去偶然遇到的一本《陈志农剪影》里曾经见到，至今撼动着灵魂和记忆。作为一个艺术家，那是难能可贵的，亦是不可缺少的。大巧若拙，大家之所以成为大家，并非只是依靠手上的技艺，或者说，依靠的，根本不是手上的技艺，而是内在普世的关切和深入的灵魂，是因着灵魂驱动的自然成就，在伟大的作品面前，一切的技法和技巧顿然隐退不见了。

从他的画上你能看得到，能感觉到，那收破烂者、追在别人车后的乞讨者、寒风中猫在摊旁翘首期盼的卖切糕者，也是一个个活生生的生命，也如你我一样，依循自己的能力和条件谋着自己的生活。你能够看到，世上除了优雅富足，还有一些艰难落魄的人生，那也是世间的真相，在这个世界上也时刻地存在着。而当这一切遇到了艺术家，便引来了无限的关照和思索。陈师曾先生的画幅上亦有大段的题款，均是彼刻有感而发，却意味深长，更加添了文人画的趣味、内涵和想象空间。所以站在画前，不忍离去。那个引领了时代风潮、给我们留下美好遗存的艺术大家，被带往了哪里？

画展另有两部分分别是山水和花鸟，画如其人，这两个部分也都表现出了不俗的面目。尤其是其中的小品，寥寥几笔，随性挥就，却清雅脱俗，别有格调。如他所说："不可只模仿他人，要立定脚跟，自作主张。画不可离却实物，但也不能拘于实物，这就是所谓'不即不离''不似之似''入乎法中，出乎法外'。"那是一种自由境界，亦是一份文人艺术家的洒脱。

优秀的展览，过目不忘，陈师曾先生的画展是其中之一。

2016 年 12 月 23 日

俯仰天地，寄情山水
——观"沧海一粟：刘海粟艺术展"

刘海粟的画展有着强烈的气场，站在画前的彼刻始终心潮澎湃，难掩激动，仿佛画中有人，人中有画，画如其人，人如其画，置身其中，俨然是跟随画家在游走、欣赏、兴奋和感悟，山水交融，天人合一，中国美术馆一层展室里的逾百幅画面亦始终在涌动，观者与画、观者与画家始终有着某种莫名的牵连与呼应，一时间热血奔腾。那一刻，我感觉到他的画是活的，和画家一起站在那里。

尤其是他的大幅山水，更是澎湃着如此的气场，让人联想到心有多大，画便有多大。作为一个美术的创法者，"艺术的叛徒"，他就是要挣脱画面，走出画框，拨开人群，超脱眼前的风景状物，完成他对艺术、对成见、对他人以及对自身的超越，否则他便不是刘海粟。险峻奇绝的黄山暗合并寄托了他的理想，从"昔我师黄山"到"今作黄山友"，他和黄山默默保持了70年的缘分，以至达到神遇迹化、不分轩轾的境地。

93岁高龄的他十登黄山，依然精神矍铄，健笔挥洒，落墨之处遒劲苍茫，浩然大气，积聚了生命的元气，浓缩了人生的精华。他在《黄山旧游图》的题款中写道："浇尽平生磊块胸，衰颜今喜发春红。愿携苔水无双笔，十上黄山第一峰。"表现出一位耄耋老人坦荡豁达、乐观自信的情怀和境界；《奇峰白云》在一个93岁的老者眼里依然挺拔开阔，浑厚俊朗，饱览云山，咏物抒怀，他信笔写下："何年开混沌，造化夺神工。排闼青冥入，群峰相角雄。"《梦笔生花》则彩墨泼洒，磅礴中含有希望，苍茫中富有生机，有着明显的刘海粟标签，而题款中一首七言绝句则使一位93岁老者的胸怀气度再次跃然纸上："年方九三上黄山，绝壁天梯信笔攀。梦笔生花无定态，心泉涌现墨潺潺。"俯仰天地，寄情山水，在大山大水大笔大墨之间，他无有所碍，不拘一格，最终抵达了生命的自由境界和欢喜彼岸。

在花鸟画展厅，看到他的那幅《芭蕉》图，我禁不住"扑哧"一声乐了，感叹这个老头太可爱！那是怎样的一幅芭蕉图啊？！藤黄花青三绿赭石淡墨，彩绘之中无不跳跃着欢喜的童心，流露着难掩的喜悦，真真可用"惹人心爱"来形容。驻足画前，脸上、心上都带着笑容，竟然看了又看，不忍离去。他的芭蕉的确让我有些震撼，颠覆了之前我看过、老师教过包括自己画过的所有芭蕉的印象——原来芭蕉还可以有如此丰富的色彩，还可以被画成如此娇憨的模样。中得心源，相由心生，海粟老人在写画这幅芭蕉之时，愉快的心情一目

艺术卷：美轮，美奂

了然，至今驻留、洋溢在纸上。这幅画是他87岁游历至广东时作于怡情别墅，题款曰："笔端莫怪龙蛇走，为有绿笺供学书。"诗画的人生，欢喜的人生，幸福的人生。

海粟先生还是一位中西合璧的艺术家，在传统国画的基础上，又兼具西学造诣，他的油画亦自成一格，流露着中国画的写意精神，融合了东方和西方的智慧与技法。他在油画上大胆题款，用中国画的线条笔触在亚麻布上任意涂抹，呈现油画的形态，又不乏中国画的韵味，《重岩叠嶂》《云谷晴翠》《西海门壮观》《复兴公园雪景》无不如此。而《外滩风景》中国画的底蕴情怀中又融入了印象派的风格，有点梵·高的意象，然而谁说这是不可以的呢？就像海粟先生17岁创办中国现代美术史上第一所正规的美术专门学校，开中国近现代学校美术教育之先河；就像海粟先生于上海高等学校最早开放女禁，开设人体模特写生课程，成为中国现代美术教育史上"最坚定的反封建先锋和中国近现代美术史上的著名解放者"，他的意识里少有禁锢，这本性里的自由洒脱使他大胆创造，敢为人先，成为多个方面的开创者。中国美术馆馆长吴为山先生在展序中说得恳切："刘海粟眼中的艺术本质，是'生命的表白'。只有不可复制和模仿的独特形式，不受束缚和羁绊的自由表达，才能称得上纯粹的生命表白。因此，刘海粟高标自由，呼吁创造……反观刘海粟的创作实践，亦反对一切既定概念和既定套路，主张通过形式的自由达及实质自由。他一生的美术实践，始终遵循自己的创作思路，建构自己的审美风格，确立自己的艺术价值，成就自己的艺术高度。"和许多天才的艺术家一样，刘海粟先生的作品带有能量，始终吸引我，感应我，激励我。

  大师走过，给我们带来震撼的同时，亦给我们留下许多启示。

2017 年 12 月 5 日

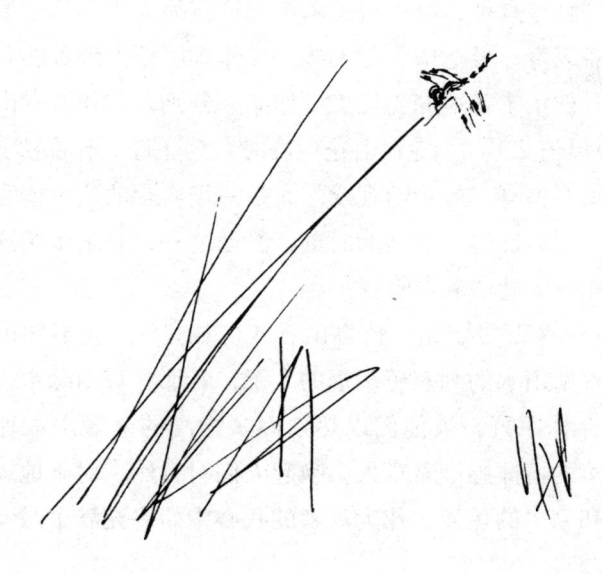

艺术卷：美轮，美奂

美在生活，以心相许
——观"美在生活——全国写生艺术展"

　　昨去美术馆看了正在展出的"美在生活——全国写生艺术展"。展览分山水、人物、花鸟三个部分，集纳了油画、水粉、中国画等画种，以中国美术馆馆藏作品为主，其中不乏齐白石、潘天寿、吴冠中、苏天赐、吴作人、靳尚谊等的名家精品，同时征集了各地的当代美术作品，分别以"我看青山多妩媚""数风流人物""待到山花烂漫时"为主题，作品多达400余幅，每有惊喜，展示给观众的，是一场饕餮的艺术盛宴。在一层和三层展厅逐一观展的时刻，激动之外，对美术馆这倾情的奉献充满了感激和敬意。

　　"我看青山多妩媚，料青山看我应如是"。我不知道是否还有比寄情山水的画家更幸福的人了，看那些青山绿水、家乡田园、森林原野，被他们以热情而又饱满的笔触永久地留下来，以美的情愫感染着众人，唤起人们对自然、对土地、对山川河流和家乡的热爱，作为观者的我心中始终充满了激动。吴冠中的《水乡》一改看惯了的国画笔墨，这回以油画的面貌出现，给人耳目一新的感觉——吴冠中先生曾经留洋欧洲，西画的艺术元素融入他的家国情怀，使他的国画作品出现独特的面目，我认为是一件自然而然的事，虽然评论界对此褒贬不一，但这贡献是无疑的，谁说东西方的艺术只能在各自狭小的圈子内发展呢？谁说传统是不加扬弃、千古不破的呢？任何一种艺术或艺术形式的生发都不是偶然的，都带着艺术家个人和时代独特的经历和深刻的印迹。艺术探索充满了可能性。在未知之中，艺术可能会走向千万种姿态——而这自由和多元，也因应了艺术的本义。记得娄师白的弟子刘存惠先生在一次讲座中说过：艺术创作没有定规，但看美不美。是的，很多的时候，或许我们更应该将目光从他人的评论中移出来，与作品作面对面的交流和感应。范迪安的《黄河紫烟》吸引我，不仅因其以160厘米×400厘米的大尺幅展现，最重要的，黄河流经我的故乡，对我来说，那是真正的母亲河，无论哪种场合相遇，都有一种天然的亲切感。范迪安的《黄河紫烟》展现的是一片黄土高坡，在飞沙走石之中，黄河跨越了千百年的历史和时空，翻腾穿越，奔流至此，带着沧桑和欢喜，又从我们的眼前，奔流而去。艺术，就是带着如此的能量，于直面的时刻，触动着我们的心灵和想象。颜文樑的《晚霞雪景》，可以将冬日的天空、大地和河流画得如此绚烂和温暖，在严寒中，在坎坷时，人们都没有理由对生活、对生命、对这土地丧失信心。对生活的爱，导引着画家和我们永不停息地追求——跟随美的脚步，跟随生活的召唤,带着源源不断的能量和生命气息。两三年前,中国美术馆曾经为苏天赐先生举办过专场画展,他生机盎然的作品在我心里留下的是喜爱和震撼。此次在美术馆一层山水主题的展厅里,又见到他的两幅油画和水粉作品,心中涌起的依然是欣喜。《老院子的光线》《蓝关古道上的房子》《场院》《家在吕梁》《鬼兹印象——洪荒的记忆》通过实地写生,无不寄托了画家由衷的眷恋与热爱。写不尽的青山绿水,爱不尽的故乡田园,于色彩流溢之中,我得到的,是美的享受。

"数风流人物,还看今朝。"人物展厅第一幅,是靳尚谊的《延安老农》,与同样是他的《山东老大娘》并列而放,同样的角度,同样的情怀,同样的感染力,朴实、真切之中,有一种撼动人心的力量——那表情和面貌分明联结着千万人的记忆和情感,联结着自己的父亲、母亲和那片土地的热爱,蕴含着亘古不变的悲悯与善良、人性和人味——而艺术,将伴此永恒。孙滋溪的《拾柴少年》,就是一个背后放着柴火担的乡村小男孩,面对画家的"镜头",拘谨,诚敬,而这拘谨和诚敬之中,仿佛又有着某种于文明中长久失落的东西,我不知道那是什么,但在那一刻却被我深切感知——在乡村,在原野,在自然中,才蕴含着这最原初的情怀与感动吗?画家的目光毕竟是敏锐的,画家的心灵终究是敏感的,他们用自己的笔触、感应和理解,捕捉了动人的瞬间。方增先的中国画《昆仑月色》,画的是昆仑山下,一个背着背篓穿着臃肿棉袍的乡民——一个脸上带着泥垢却展现着淳朴笑容的乡村妇女,读来只有岁月的沉重、人间的沧桑和生命的坚韧——一代代的山里人，不正是在这沉重与沧桑中从古至今，度过了漫漫岁月吗？我们无须将目光望向高远，一切的风流，尽在生活的真实与素朴之中，在细小但却庄严的时刻。人物主题的展厅里，我看到两个穿着红色小棉袄、扎着两个"小揪揪"的小姑娘在画前一丝不苟地临摹涂鸦，刹那间又给展厅增添了一抹动人的色彩。

"待到山花烂漫时，她在丛中笑。"也许，没有什么比花朵更能代表和寄托人们的美好心情以及对生活的赞美、向往和热爱了，花朵与画家，更是有着千古的渊源，是美的感召，造就了一代又一代的花鸟画家。较之于山水和人物展厅，花鸟展厅的作品更加五彩斑斓，耀人耳目。潘天寿的《猫石图》，齐白石的《虾》《钓鱼》以及丁酉年应景的鸡，都烘托出强烈的大家气场，崔子范的《春风送暖上衰藤》、王晚霓的大写意荷花《风谐水静》等中国画作品也都各具风采，另有黄觉寺的油画《瓶花》、余本的油画《水仙》以及部分画家的水粉静物作品给我留下深刻印象，刹那间使我完成从现实到艺术的情感升华，并使我长久地处于心潮澎湃之中。新居的一丛水仙，池塘的几尾小鱼，瓶中的一束紫丁香，都给生活增添几多意趣，将生活装扮得美而和谐。

不久前对油画突发兴趣的我，还着重看了油画作品，观察了人家的用油、用彩和构图，对着画家的作品，思考在小画幅里如何表现苍莽的原野、连绵的群山，海天相接处如何通过色彩予以表现和处理，如何巧妙地运用明暗对比以达到美的效果和强烈的艺术感染力，风景以外，如何将花鸟移入油画作品中来，油画与中国画是否有相通、相融，边看边想，似乎又有所悟。

从 20 世纪六七十年代至今，从此次展出的这些作品中，我既看到了传统的继承，又看到了当下的发展与创新，以中国画为例，半个世纪的跨度虽不足以产生质的突变，但从内容到形式，都还是能够不时看到"眼前一亮"的作品——这变化也许是细微的，但画家确于细微处突破了传统的窠臼，将正在经历的、鲜活的生活大胆地引入到作品中，以期给艺术注入新鲜的活力。也许，这创新与探索还不够成熟，但这行为的本身是值得关注、赞许和肯定的。

美在生活，我愿倾情投入，以心相许。

2017 年 2 月 6 日

春风又绿江南岸

——观苏天赐艺术展《春风又绿》

和上次于中国美术馆偶遇秦宣夫先生一样,昨天在中国美术馆一楼的 5 号展厅邂逅了苏天赐先生;和看到第一眼《随园的银杏》就被秦宣夫先生那绚烂的黄色震撼了一样,进到展厅,刹那间就被苏天赐先生的第一幅《秋柳》暖黄的枝条吸引。

油画也可以画得如国画一样朦胧缥渺、意境深远么?那是西画的油彩,却是国画的笔触和灵魂。然而在作画之时,我相信画家完全超越了形式,迫不及待地要将他眼中的美表达出来,扩展开去,正是这融于其中、难以掩抑的美和热爱传递出的能量深深地感染了我们,唤起心中无限的美好与共鸣。

再看画边墙上的旁白,刹那间我也被这赤诚深深地打动了。苏天赐先生说:"于是我站在画面前,犹如浪子回头。随手打开我的行囊,探取我之所有,不管是得自东方、西方,不问其是油是水,我随意涂抹,铺垫我的行程,我着意于让大自然的魂魄领路，寻寻觅觅，往何处以求？在一切能使我心灵颤动的地方，不管是风雨间歇中的晴岚，还是冻土上血红的荒草……她时时倏忽于我的笔底，忽隐忽现，若即若离。"

"不问其是油是水"，他只管涂抹，只管表达，只管述说，天赋的情怀，本就奔腾流淌在画家的血液里，与生命同在！这题记写于 2006 年 6 月 30 日，而这正是他仙逝的那一年。激情和美，想必是伴随了他的一生吧？

在另一幅《春满湖湾》的旁白中，他写道："我曾写过一篇文章描述我在改革开放以后的心境。概括地说，当我又站在画布面前时，仿佛又回到了快乐的童年，那是 70 年代最后的一个春天，我带领几位研究生到浙江写生。我们沿着富春江溯流而上，在富阳，我面对着辽阔的江面，看那江风梳理着岸边的新枝，令我又想起当年在海风追逐下那片云影奔驰着的故乡大地。我还是我，可是此时我又忘了有我，我只想融入，借画笔的挥动把自我化成一片斑斓！"

这赤诚的话语和天然的情怀不仅感动了我，也感动了四面八方前来观展的人们。站在这段文字前，一位 50 来岁的先生情不自禁地对我说："你看！'化成一片斑斓'，他的画确实给人这种感觉！这个人真了不起！真了不起……"走过去了，一会儿他又回来，在我耳边重复着这句话："真了不起！"我有深切的同感！一个人内心的斑斓是掩抑不住的，它通过话语，通过画笔，通过线条和色彩，悄无声息地流溢出来，却带着无限的能量弥漫开去，到达与之接触的人们的心里，勾起人们对生活、对生命无限的向往与热爱。

如果在天有灵，苏天赐先生应该感到无限欣慰吧。

这些作品是苏先生逝世两周年之际他的家人捐献给中国美术馆的，将被美术馆永久收藏。让所有美好的艺术都得以驻留和永存吧！让所有美好的一切永久地照亮人们的生命和灵魂吧！

在他的画前，在他露出灿烂笑容的大幅照片前，我竟有着一种哽咽的感觉，我是被这绚烂的色彩、温暖的笔触和斑斓的生命底色触动了吗？还是于内在的最深处，本有着某种神秘的因应与关联？我不得而知，然而无疑我喜欢他的画！自始至终，我被画布上那明快的色彩和驿动的情怀吸引着，不愿离开。那不是画，是火热的生命，和生命之中蕴含的无限的热望和热爱，无法遏制，只能如此。

是的，绚烂的只能绚烂，明亮的只能明亮，美的，只能美！

看他的画，《傍水人家》，宁静安然，一派静谧的田园安居景象；《桃花簇拥的山村》，掩映在一片梦幻的粉中，轻盈中透着无限的温暖；《春》，远处的垂柳，近处的小河与花田，滴滴点染，俨然一幅江南水墨画；《武陵岩》的村庄则衬托在一棵挂着红叶的大树背后，那红叶亦给画面增添了许多暖意……这绚烂的涂抹和秦宣夫先生五彩斑斓的描绘确有几分相像吧？苏天赐与秦宣夫，在精神和灵魂的深处确有几分相通和相近吧？而两位先生都曾在南京任教，一个在南京美术学院，

艺术卷：美轮，美奂

一个在南京师范大学，从事美术教育。在此之前，苏天赐先生在国立艺术专科学院就读美术专业，师从林风眠，而秦宣夫先生则在国立艺专任教。这其中果真也有着某种关联么？

如果有，那亦是画告诉我们的。真的艺术家，其作品必是用生命写就，与生命高度统一、融为一体的。

无论是插在瓶中的《槐花》《樱花》，还是《丁香》，苏先生的静物作品又将我带入另一个境界，舒缓、静美的境界，仿佛看到时光安静地驻留或慢慢地流淌，回到从前，回到美好的童年记忆——苏先生的《槐花》分明让我想起了小时候姥姥家院子里的大槐树，想起花开时节满院的清香，以及拿大竹竿将洋槐花够下来给我煎了吃的、让我永远难以忘怀的老人……

我不要再伤感了。曾经挚爱着生活、脸上带着油彩般绚烂笑容的画家也已离我们而去了，今天，展厅的墙壁上只剩下他的画在那述说着，述说着……春风又绿江南岸，除了画儿，除了美，我们还能留住什么呢？

2015 年 3 月 29 日

美，在一份"也许"中
——观"波折——叶城咏绘画作品展"

应安会力老师的邀请参加"波折——叶城咏绘画作品展"。安会力老师是我女儿多年的美术老师，人好、善良，一直对女儿很关照，虽然女儿现在已经不在她的培训班学习了，但这美好的关系一直保留了下来。叶城咏是她的先生。

据安老师说，此次"波折——叶城咏绘画作品展"上，她的先生在悦馆·观澜湖生活馆展出的几十幅作品是精中选精的。从微信发来的电子邀请函所附的作品看，是一些似有变形的人物，也有部分风景。对变形的人物肖像系列印象深刻，表情或凝重或迷茫或扭曲，我不理解画家为何将对象处理成这样的形象——每个画家都有他自己的隐秘表达，显然我还没有解开谜底。

进入现场，真迹比图片更富冲击力，但人物的表情、形象没有变，《自画像》系列忧郁，挣扎，怀疑，完全看不出画家本人英俊清爽的模样，《镜前的自己》斜睨的目光停顿、迟

艺术卷：美轮，美奂

疑，若有所思，也与画家本人的温文尔雅有些出入。他在想什么？

人物系列之外，还有一组首尔街景系列，也许是回归自然的缘故，这一组的色调、笔触都有些放松，比人物系列明亮、松弛了很多，平和、欢快的感觉出现了。一个人的内在深处大概总有许多的面相，风景在叶城咏先生的笔下似乎是一种调剂，使内心的压力有所冲淡。

而这一切，都是我的揣测。展览开幕式上，年轻斯文的画家叶城咏说：困惑、挣扎和纠结体现了此次画展"波折"的主题，其中有着某些不确定性，而不确定之中又有着某个共鸣点上的统一。

经他讲解，再看那些画，迷茫中似乎多了一些感人的东西。痛苦、彷徨，欢乐、幸福，都是生命值得珍惜的一部分。

他的画和他的表述，让我想起一个对艺术有着本能热爱、几十年来在艺术道路上不懈求索的老同学在其如叶城咏一样年轻时的作品，不无忧郁和彷徨，早年在中国美术馆展览时，作品也是充满了焦灼，不停地碰撞，给人一种不安全感，然而在经历了许许多多的波折和跋涉之后，经历了痛苦的挣扎和求索之后，如今的他和他的作品已经走出了彷徨，在一个更阔大、更宽广的舞台和背景上接通了世界性语言，作着更自如、更深刻也更明亮的表达与沟通。隐隐地我感觉到，这似乎也是叶城咏先生的道路。

当然，叶先生的道路不可能完全成为我的同学庞永杰先生的道路——艺术家因其独特的个性注定了成为独一无二的他自己。就眼下而言，因着作品的某种不确定性，我相信包括我在内的很多观展者未必能够透彻地领会画家更深层的内涵，但我赞同奥修所说：美，就在一份"也许"中，在一份不确定性之中。生命如流水，艺术亦永无止境，顺应生命本有的节奏，跟随自我的本能冲动和内在指引，我相信未来的某一天，画家一定会在更新的层次上挣脱技巧、技法和形式的束缚，从而被带向更高的高地和更远的远方。

其实，不仅仅"也许"是一种美，年轻也是一种美，意味着更大空间上的无限延展。叶城咏是安老师的先生，回想与安老师交往的这十几年，她以及今天她的先生留给我的印象只有一句话：善良如斯，温暖如斯。正是这恒久美好的本性，于沟通西方与东方、联结传统与现代的刹那跨越了时空，激起心灵的共鸣，导引着艺术的方向。祝福他们。

2016 年 12 月 21 日

跨越时空的感应与对话

——观"永远的思想者——罗丹雕塑回顾展"

刚刚在"国博"看了"永远的思想者——罗丹雕塑回顾展",很震撼,那些作品,带着思想,带着情感,带着人性,带着亘古而鲜活的一切,因着美,因着生命和人性中不灭的一切,刹那间与我们作着深切的感应,引发了生命无限的激情与能量。发微信分享说:当历经了百年,当艺术家早已离我们而去,当他的作品依然带着澎湃的呼吸与我们作着跨越时空的感应与对话,并激起生命深处亘古常新的能量,难道我们不该赞美与致敬么?

以生命的本能追逐着光和美的艺术家是令人敬仰的。巴尔扎克,雨果,但丁,艺术家的朋友和伴侣,时光的长河中,无数的人们一个接一个地去了,是那些如罗丹、如米开朗基罗、达·芬奇和拉斐尔一样的艺术家,将他们生动的形象和思想瞬间,连同美的实质和光影永久留在了人间,于任何的一个时刻任何的一个契机,与任何的一个心灵作着神秘的沟通与呼应，无穷无尽，生生不息。在这些神奇的时刻，艺术家就在我们身边，就在国博宽阔的展览大厅里与我们对视，在一件件赋予了灵魂和生命的作品中对我们微笑。这样的时刻让我陶醉，它勾起了我的心灵与美的所有感应，为此我激动不已。

我沉湎于这时光带给我的美妙，亦陷入因生命的短暂与无常带来的思索与怅惘：那个深邃的思想者哪里去了？那个貌似邋遢但却不凡的大作家巴尔扎克哪里去了？那个一度陪伴了艺术家30年、终不被艺术家接纳的情人哪里去了？貌似一切都化作了云烟，又似一切都在，穿越了百年，不灭的灵魂似乎依然在深思，在诉说，在呢哝。这神秘的气息经由此时，经由此地，经由我们，依然在延续，在传承。而未来的许许多多年以后，我们又将在哪里？我们与世间又将作着怎样的感应与联系？承载了生命的创造和致力于此的艺术家和创造者终归是幸福的，他们的生命随着那一件件传世的作品而被无限地延长、延长……他还在对我们说着：

青年们，想做"美"的歌颂者的青年们，你们或许很高兴，将在这里看到一段漫长艺术历程的浓缩。

生在你们以前的大师，你们要虔诚地爱他们。

在菲狄亚斯和米开朗基罗的面前，你们要躬身致敬。崇仰前者神明的静穆和后者广阔的沉思吧。对于高贵的灵魂来说，崇仰有如佳酿般香醇。

可是要小心，不要模仿你的前辈。尊重传统，把传统所包含永远富有生命力的东西区别出来——对"自然"的爱好和真挚,这才是天才作家的两种强烈的渴望。他们都崇拜自然,从没有说过谎。所以传统把钥匙交给你们,依靠这把钥匙,你们能避开守旧的桎梏。也正是传统,告诫你们要不断地探求真实,并阻止你们盲从任何一位大师。

……………

在艺术家眼中,一切都是美的,因为他锐利的目光能够穿透任何人或物,发现其"性格",换句话说,能够发现其外形下透露出的内在真理;而这个真理就是美的本身。虔诚地钻研吧,你们一定能够找到美,因为你们将会发现真实。奋发地工作吧。

这是罗丹的遗嘱。说完了这些,罗丹去了。然而怀着渴望一度被他忠实追寻的真和美却恒久存在,承载着一个艺术家的生命和荣光,跨越了国度和时空在无限扩展……

青年的罗丹一度遭到巴黎艺术圈的残酷拒绝,1856—1859年,他三次报考巴黎高等美术学院不中,他的作品广受批评并被艺术沙龙拒之门外,然而或许正是这拒绝成就了他,使他鲜明的个性和与众不同的思想得到了保存,同时不可遏制的内在冲动无法使他停止创作的步伐,那是无可阻挡的力量。无论是《思想者》《巴尔扎克》《维克多·雨果像》,还是《青铜时代》《加莱义民》《地狱之门》,他都不能用别人希望的庸常手法去表达，而是力图表现隐含在灵魂深处的那些思想和"有意义"的部分，他要让世人看到不一样的巴尔扎克，不一样的雨果，不一样的思想者，他要让他们超凡的灵魂，透过他们的身体和骨骼被强烈地感知。而在创作之时，或许他并未想到世人，并未想到其他，只是跟随内在的感觉和感知，跟随自我强烈的念头和意愿，将那些或深沉或轻快，或欢喜或悲伤的思想和情感通过青铜或大理石固执地表达出来，他热爱着这一切，名利、打击、批评都无法引诱和束缚他，他的体内蕴含着无限的能量，成就和释放是他迫不及待的使命。

他不能将自己的作品局限在事物的表面："如果我说，一个雕刻家把自己局限在只是创作鲜活的肉体，而不是通过肉体来展现所唤醒的思想，那么，那些线条和颜色肯定不会让你感动，因为唯一能够感动你的是它们背后的深远意义……这是因为情感丰富的艺术家想象不出任何没有赋予意义的事物，就像他自己，也是被赋予了深刻意义的。他认为自然界像他一样，有一种伟大的意识。这里，没有一种活的生物，没有一种静止不动的东西，天空上也没有云彩，草地上也没有冒出绿梢，这些都不会为他保守秘密，因为所有的事物下都隐藏着强大的力量。"这强大的力量就附着在他的每一件作品中，让这些作品于每一个时代都得以复活，被世人唤醒，并导引着世人陷入同样深邃的沉思。

罗丹说："所谓大师，就是这样的人：他们用自己的眼睛去看别人见过的东西，在别人司空见惯的东西上能够发现

艺术卷：美轮，美奂

出美来。"让我们谨记大师的教导："艺术之源，在于内在的真。""艺者的德性只是智慧、专注、真诚、意志。"大师去了，让这思想和艺术的灵光得以永存吧！

2015 年 2 月 8 日

平凡片断中的无尽诗意

——观"伏尔加河回响——特列恰科夫大画廊藏巡回画派精品展"

慕名去国博看"伏尔加河回响——特列恰科夫大画廊藏巡回画派精品展"。

走进展厅，先是被康斯坦丁·阿列克谢耶维奇·科罗温的《玫瑰·巴黎》吸引了，也许是最近正修习花鸟画所以对花卉感兴趣的缘故。那巴黎的玫瑰绚烂而不张扬，温馨而又静美，散发着幽幽的美感和暖意，昭示着你爱生活，爱生命，珍惜此时此地的美好。

而接下来，没想到件件是精品。是的，每一件。

《玫瑰·巴黎》的旁边，是瓦西里·尼古拉那维奇·巴克舍耶夫的《喂鸽子的女孩》，还有比这个女孩更轻盈美好的吗？一袭白裙，姣好的面容，天使般纯洁，眼前的白鸽和女孩相互烘托和映衬，刹那间将美推向了极致。女孩在她并不奢华的茅屋前抓着一把粮食，撒向有三只白鸽的地面，鸽子悠然寻觅，

艺术卷：美轮，美奂

或扑棱着翅膀热切回应，谁说那一刻的生活不是欢喜满足的呢？谁说只有奢华的生活才是美好幸福的呢？谁说平凡的片断之中没有蕴含无尽的诗意呢？

《欢乐的瞬间》同样透着生活的暖意。那又是一间简陋的屋子，从地上散乱的刨花和锯末可以看出，这是一个木匠的家庭。那一瞬间，我们看到的只有欢乐以及欢乐带来的无限美好。画面里是老木匠和他的两个儿女或孙儿，女孩背对着画面，左腿轻轻地抬起来，两只手像是怀抱着什么在胸前，目不转睛地看着它，旁边的老人却朝着这个小东西扬起了巴掌：是嫌她淘气么？而这巴掌对女孩没有丝毫的威慑力，老人嗔怪的动作中显然带着慈爱，女孩依然专注地摆弄她的玩意儿。高大的老人和幼小的女孩对比如此鲜明：老人怎么可能真下得去手呢？而后面的男孩儿悠闲地坐在墙边一个木架子上，手里也抱着一摞东西，也将目光聚焦在小女孩身上，看热闹似的看着这一幕，脸上的笑容是享受的。也许女人的视角通常更加细腻温暖吧，据说这幅画的作者安东宁娜·列昂那多芙娜·勒热夫斯卡娅是此次参展作品中仅有的两位女画家之一，真的了不起！虽然我与画家未曾见面，但我感受到了她内在的美，全都写在了画布上，跨越时间，跨越国度，跨越一切有形或无形的障碍。

弗拉基米尔·叶戈罗维奇·马科夫斯基的《打拐子游戏》也反映了童真童趣：他们都是农民的儿子，在低矮的茅屋前，在苍茫的大地上，他们专注地玩着他们的游戏，真诚地分享着彼此的快乐，无忧地享受着他们的童年。刹那间，在画家的脑海中，在观者的脑海中，忘记了贫穷，忘记了艰难，忘记了沧桑，仅留下对生活、对生命的热爱与向往。那画面是热的，唤起人们心中温暖的情愫。

伊萨克·伊里奇·列维坦的《伏尔加河上》是如此宁静安然，而宁静安然之中似乎又潜伏着一种深厚的情绪：伏尔加河，是他故乡的河吗？伏尔加河，是他热爱的河吗？伏尔加河，是让他倍感心安的河吗？站在画前，我突然有了这样的感觉，甚至想起了家乡的母亲河——黄河，想起大河所波及的种种往事和心情。在《伏尔加河上》那貌似静止的画面里，分明有着一种气息——含蓄，内敛，却又异常浓郁饱满。那不息涌动的是什么？或许只有画家知道。在伏尔加河安静的河面之上，似是起着白雾，白雾和对岸明黄的倒影相接，是清晨，抑或是傍晚？岸边搁浅的小船，在歇息，还是在等待？时光凝固在了那一刻，一切都还没有开始，也没有等待，画家的情绪沉浸于那一刻的静美。那一个时刻，也许是现实，也许是想象，但他用画笔留住了它。那一刻，他的心灵安住于此。

最让我震撼的一幅是阿布拉姆·叶菲莫维奇·阿尔希波夫的《隐修者》：那是一个衣衫朴素的白须老人，手里拿着一个钵盂在给鸟雀喂食，但他又像是什么也没有做，什么也没有想，他的内心如此宁静，如此安然。瞬间，我想起印度修行者——那个深度影响我的老人奥修，阿布拉姆·叶菲莫维奇·阿尔希波夫的《隐修者》与奥修有着许多的相像，从形貌，到心

· 201 ·

艺术卷：美轮，美奂

灵，那灵性的光芒刹那间将我带入熟悉的气场，带入灵魂的最深处，带入生命的一片大美。身边的阳光静静洒落，洒在地上，洒在草木上，洒在心上，树木，鸽子，房舍，一切都刚刚好，那一个时刻，不，不只有那一个时刻，自在，圆满，富足，穿透灵魂，回到家园，领受生命的无限欢喜。

俄罗斯的艺术给我带来太过美好的震撼。回想几年前到满洲里旅行，在满洲里与俄罗斯分界的国门和41号界碑前，看远方渺无人烟的广袤土地，还是一种神秘的感觉。看那载着一车厢一车厢圆木的火车从俄罗斯的方向隆隆地驶来，联想到郁郁葱葱的茂密森林。而俄罗斯油画展现给我的也是优美的自然，《林中春天》《春天·大水》《秋日·索科尔尼基》《十月》《霜降树林》《有橡树的夏季风景》……每一幅画面中都透着对俄罗斯的想象和印记，而画面展示的茫茫雪原更是带上了西伯利亚的色彩。这些风景画，突出展示了俄罗斯的自然之美。画展的组织者在介绍中说：俄罗斯亲切、可爱的大自然在人们心中唤起生动的回应，风景画让人们认识故乡的土地，看到跨越田野和林间道路的辽阔空间。巡回画派的风景画画面描绘无人迹的自然，却总能让人真切感觉到人的存在。在和自然对话时，每个艺术家都有自己独一无二的音调。

我不了解巡回画派，但我知道美是超越画派的，这个展览，使我对俄罗斯产生了无限的好感。

2015 年 5 月 30 日

视觉的盛宴，美的熏染
——观"英国美术300年"画展

周日带女儿到世纪坛看了"英国美术300年"的画展。恰巧博物馆里有志愿者在讲解，一位白发老奶奶讲得有声有色，生动感人，富亲和力。

此次展出的作品很多，有反映那个时代英国人日常生活的，有参军打仗的，还有风景、神话。我很喜欢特纳的《浅水处的加莱海滩：渔民捡拾鱼饵》，轻柔、朦胧、缥缈，意境悠远，又充满了生气。据志愿者介绍，这幅画主要看落日部分的光影，不过我更注意到薄雾中那人的轻柔、俏美和富有诗意。据说特纳是英国美术史上不可抹去的一笔，亦是英国人的骄傲，不管到哪展览都少不了他，哪怕是一幅小尺寸的水彩画，比如旁边挂着的一幅，特纳年轻的时候画的自己家的庄园。经过时光洗礼，那庄园或许早已面目全非，然而它昔日的影却长久地凝固在画布上，依旧安然。

另一幅《母与子》也很有感染力：床上那个身着白裙，

艺术卷：美轮，美奂

和母亲依偎在一起的小女孩儿简直就是惹人喜爱的小天使。而我们的孩子，都是柔软美丽、惹人喜爱的天使，母爱是最真挚温暖的爱，母与子的世界，是最祥和美好的世界。

《冬夕》是我和女儿很喜欢的，树木和羊群笼罩在夕阳温暖的光里，冰雪里的羊群在阳光照耀下一点也不觉得寒冷，反而觉出几许暖意。温暖的色调，依然是我直觉的最爱。

大体来讲，女儿喜欢的风格跟我喜欢的不大一样。我喜欢抽象、概括、朦胧、类似于中国写意画的作品，她喜欢具象、细腻、精微、类似于中国工笔画的作品。每个人都有自己喜欢的东西和风格，我支持女儿喜欢她自己的那一类，不盲从。

参观结束，也许女儿说不出有何具体的收获，而收获从来都是潜移默化的。无疑，这是一个愉快而有意义的下午！

2012 年 11 月 26 日

道法自然
——观大都会艺术博物馆精品展

昨来人民大会堂开会,来前专门上网查了一下对面的国家博物馆有什么展览,嘿嘿,来看"道法自然——大都会艺术博物馆精品展"既是顺便,又是有备而来。

来时已是中午,但我仍没错过。

展览很精彩,以自然为线索分不同主题,梵·高、米勒、高更、莫奈、雷诺阿、伦勃朗的作品都有出现,虽然不多,但已是难得。米勒《秋天的干草垛》和布雷东《除草的农妇》挂在一起,很有气场,不一样的田园和景物,却是一样的美感。《秋天的干草垛》铺展了田园的丰收景象,近处的羊群和干草堆下模糊的人影,还原了田园丰收但却不事张扬的悠然情调,仔细看那羊群,神态各具,但无不舒服自在;《除草的农妇》比之前多次看到的印刷品调子更沉更暗些,却更耐人寻味。

梵·高的《人生第一步》据说是根据米勒原稿改画,但抛却了一贯的黄色基调,和其《柏树》一样,因着"自然"的主

艺术卷：美轮，美奂

题被涂上了绿色，因而显出一份少有的平和。但梵·高毕竟是澎湃的，你看他的《柏树》，那起伏不安的笔触，似乎在涌动着什么……在那幅《柏树》前站了许久，感受梵·高，感受这位最伟大的画家，他的生命曾经与他的作品融为一体，相信他在作画之时的每一笔每一画，都倾注了他对生命无限的激情与热望。如果不能抒发，那就不是梵·高——他只能成为最伟大的画家。你能相信他在生前曾经那么困顿不堪吗？然而生命中的绘画也给了他无尽的喜悦，使他的生命始终向美向善向火。因而梵·高是明亮的。

雷诺阿《海滩上的人》也很引人注目，展现了一幅美好的场景——大海，给人美好的想象；莫奈《艾特达附近的岩门》远看像是一幅摄影作品，光影处理得很舒服，美，但又不失厚重的力量感；伦勃朗的《芙罗拉》，端秀中散发着一种贵族气质……

展览中"自然"的部分，当然离不开花草景物，人与自然，为画家提供了无尽的题材。此次还展出了许多风景、花卉，如《日出》散落在树林间的参差光影，《风景》中阳光穿越的迷蒙的早上，《海上日出》的开阔和富有朝气以及《桃花》《水晶花瓶中的鲜花》都给人留下了深刻印象。《桃花》的轻盈飞舞和《水晶花瓶中的鲜花》的绚烂明丽，都是我喜欢的格调。生命中，原本有着一种向上的力量，绚烂无比，在那一刻，与作品完成了沟通。同时还有少数摄影作品展出，同样富有艺术的美感。

在这里，我还邂逅了"Iris"，这是谁画的水鸢尾来着？多少年前在读英语系时，外教老师曾给我起名 Iris，称它是"A special kind of flower"，今天算是见到了，得到一份意外惊喜。虽然我觉得这画还可以画得再漂亮一点，再超然一点。生活中的 Iris，大概不是类似"工笔"的 Iris。

在国博的小书店里，同时邂逅了王国维的《人间词话》，等我逛完，错过了午饭时间，但这半晌的消磨，却已给我足够的欣喜了……

2013 年 3 月 2 日

是英雄，也可能是恶魔

——话剧《兰陵王》观后

话剧《兰陵王》观后，有人惊奇于导演在剧中的矛盾制造，有人赞叹音乐特效在剧中的巧妙运用，而我，始终在思索一句台词——"戴上大面，是英雄，也可能是恶魔"。

罗怀臻先生编剧、王晓鹰先生导演的《兰陵王》取材于北齐名将兰陵王的传奇故事，历史尘烟中的疆场厮杀和恩仇过往，经过两位艺术家的深入挖掘和想象，被演绎成了诗意浪漫的剧目，给人美的享受，更给人以深思与启迪，于纷繁万象之中，跟随光。这便是艺术创造的价值与魅力。

九岁的兰陵王目睹了父王被杀、齐王篡位的惨痛一幕，他从此忍辱负重，韬光养晦，以脂粉环佩、莺歌燕舞的女儿态投齐王所好，保全自身，也给齐王留下消磨意志的假象。而这假象也迷惑了他的母亲——为保全儿子，被迫无奈中已成为齐王皇后的他的母亲。私下里，母亲千百次地问兰陵王是否还记得九岁发生的事情，兰陵王都佯称不知，并表现出千般的不耐烦，仍如一摊烂泥般游戏人生。母亲恨其不幸，怒其不争，为唤起儿子的男儿血性，尽管承受了风险，但最后她还是不得不启用了先祖灵堂的遗存之物——神兽面具——戴上它，是威仪四方、战无不胜的英雄，也可能是人性不存、祸国殃民的恶魔。

兰陵王戴上大面奔赴战场。弱兵对强手，齐王以为他必死无疑，殊不知施了魔法、得了神助的兰陵王横扫疆场，所向披靡，顷刻间告别了懦如羔羊的女儿相，恢复了豺狼的血性与斗志，凯旋归来的他征服了齐王，已是天下无敌。

王者归来，至高无上。他站在了辉煌的峰顶，也站到了悬崖的边上，无有约束的王者左冲右撞，肆意妄为，邪恶的兽性也于刹那间得到了释放，导引着他从羔羊走向豺狼，与母亲、情人、忠心耿耿的老臣和少小无猜的玩伴作了痛心的对白。情人郑儿为说服他孤注一掷，葬身火海，而他的母亲，为帮助他唤回人性，摘下面具，却不惜作出了主动的牺牲——祭出了她的心头血，使他回复到那个有情有爱、有血有肉的真正的兰陵王。

爱，是挽回人性与良心的一剂解药，尽管悲烈，尽管唏嘘，尽管沉重。

而全剧发人深省。回顾历史，一代英雄，一代魔王，上下五千年的朝代更迭之中充斥了多少的英魔更替、神兽之争，在这万般的纷争与暴烈之下，又祭出了多少无辜的鲜血与生命？——"要把权利关进牢笼"。歌舞升平之中，艺术家的演

艺术卷：美轮，美奂

绎深刻而清醒。

在这内涵之后，王晓鹰导演的艺术发挥和艺术创造不容忽视。剧情的出其不意和层层推进，角色的极度转换和反差凸显，间以傩戏傩舞、楚辞华章、大道哲理，加之强弱突出的音效对比和台词变化，将观众带入或明或暗、跌宕起伏的剧情之中。在还原父王之死的那段戏里，王晓鹰用旁白穿插、轮番闪回、夸张呈现的方法，分别去演绎齐王眼里、皇后眼里和兰陵王自己眼里的父王之死，单纯而不单调，素朴而不呆板，重复但不拖沓，拙笨中带着奇巧，在原本沉重的情节里，引来了观众的莞尔笑声。

2017 年 10 月 19 日

爱是什么

——话剧《恋爱的犀牛》观后

一

"你是不同的，唯一的，柔软的，干净的，天空一样的，我的明明，我怎么样才能让你明白？你如同我温暖的手套，冰冷的啤酒，带着阳光味道的衬衫，日复一日的梦想……我怎样才能让你明白我如何爱你？我默默忍受，饮泣而眠？我高声喊叫，声嘶力竭？我对着镜子痛骂自己？我冲进你的办公室把你推倒在地？我上大学，我读博士，当一个作家？我为你自暴自弃，从此被人怜悯？我走入精神病院，我爱你爱崩溃了？爱疯了？还是我在你窗下自杀？"男主角马路为女主角明明着魔。

"我还要对他顺从到哪一天，我真不知道我还有什么事不能为他做！这个可恨的人！我要是不爱他了，该多好。我眼睛里带着爱情就像是脑门上带着奴隶的印记，他走到哪儿我就要

艺术卷：美轮，美奂

跟到哪儿！你能想象吗？只要跟着他我就满足了。真是发疯，怎么样才能不再爱他呢……只要他还能让我爱他，只要他不离开我，只要我还能忍受，他爱怎么折磨我就怎么折磨我，他可以欺骗我，可以贬低我，可以侮辱我，可以把我掉在空中，可以让我俯首帖耳，可以让我四肢着地，只要他有本事让我爱他。"女主角明明对另一个人发疯发狂。

爱情，就是这般的狂风暴雨、如火如荼。爱情，就是如此地分崩离析，错位、摧残。在希望中绝望，在幻想中复燃，还要经历几番的死去与活来？

倔强的男主角马路面对无望的爱情似乎从未绝望；抑或是绝望了，又从未放弃。坚持中带着悲情，倔强中带着创伤。他一遍又一遍地表白："一切白的东西和你相比都成了黑墨水而自惭形秽，一切无知的鸟兽因为不能说出你的名字而绝望万分……"他一遍又一遍地念叨："相信我，上天会厚待那些勇敢的，坚强的，多情的人，如果你爱什么东西，渴望什么东西，相信我，你就去爱吧，去渴望吧，只要你有足够强大的愿望，你就是不可战胜的！"那是他的心经，那是他的心魔。

而人终非草木，再顽强的肉身也可能会有被感化的时刻，再坚硬的心脏也可能偶有柔软的瞬间，他的诚恳和执着换来了明明短暂的停留，但却未唤回明明爱着的心。作为一名犀牛饲养员，除了犀牛图拉与他忠诚为伴，他仍然一无所有。

然而有一天，他中了五百万彩票，当彩票拿到手里，他欢呼雀跃，第一时间找到明明，他要将他的任何东西都给予明明，他要给明明带来幸福，但明明的回应再一次让他崩溃了。

明明说："你有钱，别人也有钱，我为什么要你的，何况你要的东西我不想给你。谢谢，你还是自己留着用吧。"

"什么？你在说什么？"

"我说我不要——你的钱和你的幸福。"

"为什么？"

"你还是用这些钱做些能让你高兴的事吧。"

"能让我高兴的唯一的事情就是你！"

"那我就更不要了。"

"为什么？别跟我说你不需要钱，你不喜欢钱，你可以为了钱去做别人的情妇，这些钱有什么不同？"

"我就是不要你的钱，你能强迫我要吗？我愿意当婊子挣钱跟你也没关系，我就是受不了你那副圣人似的面孔，我不爱你，我不想听见你每天在我耳旁倾诉你的爱情，我不想因为要了你的钱而让你拥有这个权力。听懂了吗？"

马路听懂了，抑或没有听懂。空气，却是一地的冰冷，凝滞的气流里只有一个声音：

> 你是我温暖的手套，冰冷的啤酒，带着阳光味道的衬衫，日复一日的梦想。
>
> 如果中世纪，我可以去作一个骑士，把你的名字写上每一座被征服的城池。
>
> 如果在沙漠中，我会流尽最后一滴鲜血去滋润你干

裂的嘴唇。如果我是天文学家,有一颗星星叫明明。
如果我是诗人,所有的声音只为你歌唱。
如果我是法官,你的好恶是我最高的法则。
如果我是神父,再没有比你更好的天堂。
如果我是哨兵,你的每一个字都是我的口令。
…………

你永远不知道,
你是我渴望已久的晴天,
你是我猝不及防的暴雨。

你永远不知道,
你是我赖以生存的空气,
你是我难以忍受的饥饿。

你永远不知道,我的爱人,
你也许永远不会知道……

  明明走了,去找她爱的人了。也许无望,也许悲伤,但她还是去了。留下马路,这另一个爱着并悲伤的人。
  离开时,她重复着马路念过的台词:"也有很多次我想要放弃了,但是它在我身体的某个地方留下了疼痛的感觉,一想到它会永远在那儿隐隐作痛,一想到以后我看待一切的目光都会因为那一点疼痛而变得了无生气,我就怕了,爱他,是我做过的最好的事情。"

当一切远去，寂然中他和他的犀牛在一起。"别怕，图拉，我要带你走。"他说，"在池沼上面，在幽谷上面，越过山和森林，越过云和大海，越过太阳那边，越过轻云之外，越过星空世界的无涯的极限，凌驾于生活之上。前面就是一望无际的非洲草原，夕阳挂在长颈鹿绵长的脖子上，万物都在雨季来临时焕发生机……"

明明哪里去了？马路和他的犀牛又将去往何方？爱是什么？如此迷茫。又如此悲伤。

2017 年 12 月 12 日

二

剧结束后，导演孟京辉，主演"马路""明明"跟观众有一个对话，大概也是为了听听观众的反馈。怀着同样的心思，我也没有离开现场。坦率说，我对这个剧的完整理解是在剧结束后的对话环节里完成的。换句话说，是观众的理解丰富了我自己的理解。

正如对话环节的开场我鲁院的一位同学提出的质疑："女主角那么漂亮，张口闭口说脏话，不会伤害我们吗？"虽然我并不十分赞同他所说的，一个有争议的细节真的会阻止一个剧

艺术卷：美轮，美奂

目成为经典，《恋爱的犀牛》在它诞生至今的18年里已经有了七个版本在轮番上演，说明还是有观众有市场的，但剧中现代和后现代的歇斯底里和声嘶力竭确实也是显而易见的。如果说现代人是浮躁的，那么孟京辉导演在剧中将这浮躁更是作了夸大几倍的处理，其中穿插的广告、合唱、配角演员"吓人的"表演，无一不是。观看时并非十分舒服。

但或许真的是瑕不掩瑜，抑或艺术就是要放大吧，绝大多数观众对这部剧的反应是积极的、感动的、受益的、肯定的，他们拿起话筒都能滔滔不绝地说出一二三四，有些观众前后看了这部剧的七八个版本，能够清晰地道出每个版本的变化，有着很深的研究和艺术积淀，他们用自己的语言体恤和鼓励着导演以及剧组，言辞恳切。而那些二三十岁的朋友，那些学生和报考了戏剧学院的年轻人，也纷纷怀着激动又虔诚的心情发了言，称自己从中受益并被感动。彼时我在想，现代戏剧，与现代人和年轻的一代或许更为贴近吧。其中一名观众讲述她在大学时代、在谈恋爱的时候就开始看这部剧，至今已是十几年过去，她和她先生已是两个孩子的父母，她依然在看这部剧，这部剧承载了她的青春记忆和美好年华，她难掩内心的激动，一再地向导演表示感恩和感谢。不料这时他的先生也站了起来，在表示感谢的同时，他拥抱妻子并深情地对妻子说："我爱你！"这时全场都被感染了，响起了热烈的掌声。而针对前面我的同学对女主角的质问，一位观众也特意勇敢地站了出来，提名安抚了台上的女主角："明明，我想对你说，你是真诚的，说脏话也没关系，我们不介意，你也没有伤害到我们，你不用怕。"这个细节同样是温暖的、感人的。这个勇敢，正如那个执着爱着的马路的勇敢。也许是盲目的、莽撞的，但却是真挚的、美好的、震撼的。

而一部戏剧，无论它是精致还是粗糙，只要它能将正向的、美好的、温润的情感传递给他人，浸润人的心灵，使人感觉到生活的美好和光的照耀，也许就够了。正如"马路"在谢幕时对观众喊出的："让我们将美好的事情坚持到底！"这也是我想说的话。

2017 年 12 月 13 日

燃烧的梵·高
——人艺话剧《燃烧的梵·高》观后

"艺术需要纯粹！艺术家更需要纯粹！我要烧掉绘画之外的一切欲望，我要纯粹地创作！"当梵·高歇斯底里地发出内心的呐喊，我刹那间被这艺术的纯粹震撼了。这内在的纯粹，催促他成为梵·高，成为世间独一无二的那个人。

当他与高更对话，更高提醒他要冷静的时候，他说："我为什么要冷静？！我要燃烧！"当屏幕上出现他旋转的星空，几近燃烧的向日葵，法国南部的田野和蓝天，梵·高仿佛来到了我们中间，他分明还活着，以他内在无法抗拒的能量吸引着我们，感染着我们，与我们作深层的对话。

他和弟弟提奥的情谊，在剧中也被演绎得感人而生动。当他感到巴黎不属于他，他要离开巴黎回到他的田野时，提奥痛苦地对哥哥说：我知道，你决定了的事情不会改变。但你要答应我，你一定要好好地活下来。梵·高答应了弟弟。

然而承诺无法阻止命运，梵·高还是在某一天，在理性接近崩溃的时候将子弹对准了自己……

  梵·高死后，话剧的旁白是这么说的：这是一个商品的时代，画家是商品，画商是商品，而他们的作品，是人类永远的财富。梵·高死了，他的身体留在了坟墓里，而他的作品超越了坟墓，超越了时代，和世界作永恒的对话。

  梵·高从来都是超越的，他只能成为伟大的画家。话剧中的他虽然有着执着的坚守，但悲苦多于喜悦。然而读他的艺术书简，从他本人的叙述中你会发现，其实他是那么平静、愉悦和幸福。在他的心中，没有功利，没有杂念，只有美、善良和对生活的向往。当话剧中的提奥对他说，画家都是斗士，高更是最大的斗士，你要远离他的时候，梵·高说：在他的内心有着一种温存，你不懂。那是艺术的理解，更是善良的艺术家的理解，艺术家的内在，不能没有善良，不能没有真诚，不能没有温暖，不能没有美！这一切，都被梵·高完好地葆有着，他无法调和眼前的社会，但却完好地保存了一份纯粹的灵魂，如果不是这样，他将不是梵·高。

  自始至终，沉浸在人艺话剧的艺术氛围里，去体会梵·高——那个最触动我的画家。自始至终，脑子里在与《梵·高艺术书简》中他自己的叙述作比照。《梵·高艺术书简》里的梵·高，被我记了一万五千字的笔记，都被收录在《书与艺术》一书里了，话剧梵·高勾起了我的兴致，摘取要点，以"我眼中的梵·高"为题在微信里与大家作了分享：

——他对一切的美都保持着原始的冲动和热情，并随时被眼前的景象震撼，梵·高就是为美而生，与美同在。

——他画画，但他没想为什么画画，事实上他没有动机，绘画于他，只是冥冥中的吸引。

——事实上，没有人，也没有什么事情能够阻止他画画，他就是为绘画而生。这种冲动来自生命不可知的神秘的深处。

——在绘画中，他是快乐的。在他描述绘画的文字里，也看不到向日葵的热烈燃烧和几近毁灭的疯狂，而是缓缓的平静和喜悦。

——他平静、执着、快乐，在他内心神秘的深处，分明流淌着诗和音乐，那是天赋的精神和信仰——贫穷、困苦和磨难，在信仰的照耀下，都可以忽略不计！

——他欣赏绘画的美，也欣赏文学的、生活的、其他艺术的、一切的美。

——画家是骄傲的，因为在他的生命中，有一股天生的力量——我不知道那能不能被称作信仰，但他无疑是坚定的。

——他常常在绘画中找到自我，聆听并跟随自己内心的声音，他作出最为正确的选择。

——是的，梵·高就是梵·高，困顿、疾病、世人的不屑与嘲讽……他无法在任何情况下否定和丧失自我！他在贫困中焦虑和痛苦着，又在平静和愉悦中保持着自己鲜活的个性。

没有想到，跨越了多少个世纪，这么一个人还在深刻地影响和感染我，使我在看到话剧的刹那仍然激动不已，这种无声却强烈的感应，迫使我去寻找和接近他，于他死后的许许多多年，仍然感受他的存在。这就是艺术的魅力么?

2014 年 7 月 5 日

唯愿时光长久
——观《偷心》剧本朗读会

自从陈建功先生向我力荐蓬蒿剧场，我就天天惦记着这么一个地方——看惯了首都剧场人艺演出的我，不知道还有哪一个地方会让大作家陈建功先生如此津津乐道，青睐有加。

昨日空闲，我终于有机会来到了这里，观看晚上7：30免费上演的《偷心》剧本朗读会。

剧场位于南锣鼓巷一个不起眼的小胡同里——微信上公布的地址是东棉花胡同35号，但它并不临路，只在枝杈出去的另一个小胡同口挑出了一个"蓬蒿剧场"的木头牌子，穿过这个只能容下两人的狭窄巷口才能找到，用一位曾在剧场工作过的人的话说，不仔细看，就会错过了。打探胡同里的保安，灰墙黛瓦之中，也说不知道哪有这么一个剧场。

而这里，却是文艺青年的聚集地。朗读会开始前一个小时里，剧场的小咖啡馆里已经三三两两地坐了些人。此次朗读会免费入场，由于我之前在网上的报名并未显示成功，怀着迫切的心情，抱着试试看的态度赶来，负责签到的工作人员还是热情地欢迎了我们。从事与心灵相关职业的人，总是有着惯有的儒雅与和善。

　　从咖啡馆一侧拉着帷幔的小门进去，便见到了这个传说中的小剧场。如网上所说，这个剧场只有 86 个座位，即使平时 50 元购票入场，也一律是自选座位，不对号入座，观众无拘无束，自由随意，正如进门时迎面看到的蓬蒿的口号——"戏剧是自由的"。这个"就在隔壁"、恰似邻里、坐落于灰墙黛瓦密密麻麻四合院之中的黑匣子私人小剧场虽小，但自 2008 年成立以来，却已经上演了 600 余部、3 000 余场戏剧，"5 000 多位中外艺术家在这里呈现、表达生命，30 余万名观众在这里留下最温暖、最美好的生命体验和记忆"，其中不乏陈建功、蓝天野、王晓鹰这样的文学艺术界名流慕名而来，知名不知名的非功利剧本在此上演。

　　而剧场的老板王翔，却是一个地道的乌托邦，用陈建功的话说，王翔"是一个有情怀的人"。王翔曾经推荐陈建功在他的小剧场看过一个经典话剧《哥本哈根》，他陪陈建功看时，他已经看了 32 次了。牙医出身的王翔酷爱戏剧，创办剧场九年来，将三个牙科诊所挣来的一千多万元全部投入到了这个寄托了理想的地方，在日常生活之外，拓展更为丰富的可能性。然而，强调态度、注重文学、崇尚艺术、抵制商业的他，今天却负债 2 600 万元，心脏做了七个支架，传递温暖、高尚、善良和爱。

艺术卷：美轮，美奂

在诠释对戏剧的理解时，这篇"蓬蒿宣言"说得恳切："戏剧是自由的，因为人的内心是自由的，它不应该受到任何限制，比如商业需要的限制，甚至也不应该受到戏剧本身单一技术标准、为戏剧而戏剧、为艺术而艺术的限制。因为比戏剧更大的是人、是生命、是生活。"它的艺术观不是与我有着本质的相通吗？戏剧如此，文学亦如此，没有高过文学的生活，便没有高品质的文学，为文学而文学同样没有意义。"它是戏剧的、是文学的、是心理的、是高贵的又是自然的、朴素的、是丰富的又是简约的、有效的、灵动的。"

眼下的86个座位已经坐满，前面两排椅子和一排坐垫，仍然显示着它的灵活性。剧场的中央，一位英俊的小哥正抱着吉他低眉弹唱，一首接一首，幽暗的灯光打在他的身上，平静中带着淡淡的忧伤，将观众带进各自的想象……唱完，他羞涩地朝观众笑了笑，羞涩中带着灿烂，眉宇间洋溢着挡不住的青春风华和蓬勃朝气："朗诵就要开始了，我再唱一首吧。"有些恋恋不舍，又有些意犹未尽，他调了调琴，歌声又起，观众的掌声渐次平息……

久违的时光，定格在那个迷人的瞬间，定格在了悦耳的吉他小调和略带伤感的旋律里。我不知道究竟有多久没有过如此的沉浸了，不知道究竟有多久没有过如此的感动了，彼时彼地，伴着动人的琴音全然地陷入了无边的思绪之中，于凝注的刹那，扎根在时间的深处，默然感应，默然感知。由近及远，脑海中竟然出现了诗歌的意象：

在你清澈的目光里
我看到了那个英俊的少年
弹着六弦琴
唤醒海的记忆
在你清秀的眉宇间
我想起了那些动人的故事
躲在昏暗的角落
幽幽地讲述

太阳就要升起来了
而人潮退去
带着满目的忧伤
抑或欢喜

许许多多的日夜来了又走了
走了又来
留下时光，静静守候

让我留住这一刻的光阴吧，透过音乐，透过艺术，透过眼前美好的人事，我分明看到了生活美丽的光华，看到了生命夺目的光彩，触摸到心脏剧烈的跳动和艺术纯粹的质地，感受到艺术带给我们的深刻的快乐。有人说，蓬蒿剧场这昏黄的灯

艺术卷：美轮，美奂

光，曾经于黑夜中庇护了许多人的灵魂，身临其境的那个瞬间，我深切地感觉到了。来这里的每一个人眼睛里似乎都放射着光芒，脸上都带着和煦的阳光。这是一个不同凡响的剧场，聚集了不同寻常的群体。

相比于首都剧场和国家大剧院的华丽舞台，这里确实显得简单和简陋，而这简单和简陋之中，又与平民百姓有着无限的亲和与亲近；相比于首都剧场和国家大剧院的经典剧目，这里的戏剧也更为驳杂和多元，没有那么精巧和精致，但多元与驳杂之中，似乎又更鲜活、更自由、更包容、更有特色与个性、更富活力和生长性。作为一个民间公益剧场，它用严肃、纯粹、坚持的态度做戏剧，同时又像是一块实验田，将传统与现代、国内与国际、受众需求与艺术理想敏锐结合，给成长中的艺术家和渴求中的观众提供了一个创作与观赏的舞台。

"仰天长笑出门去，我辈岂是蓬蒿人。"蓬蒿剧场反其意而行之，取"蓬蒿"之名，凸显"隔壁"四合院中先天的平民气质。记得陈建功先生在他的一篇散文中也曾固执地说"我辈本是蓬蒿人"，他与眼下这个取名蓬蒿的剧场，想必亦是有着某种精神的相通吧？一个文艺的创作者，不仅要了解高大庙堂中的"阳春白雪"，还要深入民间，了解胡同旮旯里的"下里巴人"，知晓衍生于胡同中的另一种文艺生活和文艺生态，何其不易？想到这里，唯有致敬！

本次将剧本朗读搬上舞台，台词加简单表演竟能演绎得如此精彩和享受，也是出乎我的意料，给了我迎面的新鲜感。虽然剧中的角色关系有些复杂,我并未看太明白,但我相信,这个不大的舞台,还应容纳有更多的可能性。而这,也正是它的魅力所在。

唯愿时光长久。

2017 年 11 月 25 日

中国画的传承与创新
——由一场关于绘画的讨论想到的

朋友刘勇良发了一篇吴冠中的文章,由此引发了关于"笔墨等于零"以及艺术的讨论,朋友圈一喜爱书法的朋友单纯刚发出评论认为:"吴始终没能理解中国画的真正含义,他从没有真正跨进中国画的门槛,始终没弄明白中国笔墨艺术精神之所在。所以他才会有'笔墨等于零'的惊世谬语。"我即兴留言说:"笔墨等于零,从另一个角度仔细想想,也有道理。跟随灵感还是跟随技巧有时可能是两种选择。到达一定境界,做到了能入能出之时,或许笔墨自然等于零。"因为在我看来,艺术的最高境界最终必然要超越技巧和技法,与生命合而为一,达到无他无我的超然之境。

单纯刚有不同意见,他说:"读透了黄宾虹,你才能看到吴冠中在中国画领域认识的无知。"黄宾虹的画我看过,笔墨老到,尤其是90岁以后的作品,更有一种圆润浑成的感觉,傅雷、吴藕汀等对他亦赞佩有加。他的书我也曾买过,但读起来艰涩，至今搁置在案头。"境界不到，黄宾虹我还没读懂啊……"于是，我回复单纯刚："黄宾虹好，但吴冠中如果变成黄宾虹，那就是失败的。跟随自己的生命节奏，对他自己来说，就是最好的。吴有吴的经历和个人喜好，个性的他，决定了他只能画这样的画，在画之时可能他都没想到底画的是什么画。这是我猜的，哈哈。"是的，在我看来，真正的画家在绘画时，根本就是没有想他画的是什么画的，他跟着自己的直觉、灵感和本性导引的一切在作画，他只能那么做，他的头脑中没有派别、没有风格、没有传统抑或现代，他只有一种力量驱动他用笔去流淌。当然，想起吴冠中先生的画，我并不是十分喜欢，于是补充说："虽然，其实我不十分喜欢吴的画。有些理念是有启发的。"就在这时，刘勇良私信我一篇《水墨画的革命》的文章，是吴冠中的已故弟子写的，大意是：

> 当代水墨在中国绘画市场从来就没有抬过头。吴冠中和黄永玉的作品算是例外，但他们两人从来就没承认过自己画的是传统水墨，他们从来就不愿意把自己归入所谓国画大统的圈子里，纵观中国前十位在生卖得最高价的水墨画家，没有一个敢颠覆传统水墨套路的。其风格的同一性几乎就是一个种类。这状况持续下去是没有出路的，中国当代水墨要有所改变，唯有寄望体制外的艺术家，寄望有理想不为名利诱惑的新血，守望有殉道精神的当代艺术探索者。

这篇文章，基本代表了我的观点，也很好地回应了单纯刚先生，我把它发出来讨论。而刘勇良留言："真是仁者见仁智者见智！！！看来知识结构决定意识。""本性，经历，兴趣，偏好，际遇……谁知道。"

单纯刚先生对我发言："没有否认吴冠中绘画有自己的特色，只是说他对中国画领域的言论、认识是错误的。他的红绿点子、粗细线条是从西画里学来的。陈传席对他的艺术评价较中肯：不懂传统而浅薄的人多了，他们需要吴冠中，吴冠中的市场也就大了。部分国外人也不懂中国深厚的传统，也需要吴冠中，于是吴冠中在国外也有了市场。"我回："有道理。但不同的人有不同的评价，我也听过娄师白的弟子刘存惠先生最欣赏他对传统的反叛这一点。确实见仁见智。"

几月前听过刘存惠先生一节公开课，在宣武医院的多功能厅里，听他谈对中国画的看法，看他现场作画，顷刻间产生了颠覆性的印象，受到很大启发。除了他主张的大写意、大构图、大对比，以及拓展绘画工具之外，最受启发的就是他对于中国画的态度，他反对学院派的因循描摹，在他看来，画家的每一幅画都应是不一样的，都是独一无二的"创作"和"创造"，要由着自己的心性，找到自己的性情，突破成规，不拘一格地表现美，有时候，一幅作品的完成就取决于下笔前那一刻的灵感和直觉，无法重复，无法复制。他现场示范，践行了自己的绘画理念，经他挥洒的画作，看不到技巧、技法，却有强烈的情绪在流动,被感知,对我来说,这无疑是一次开眼界的观摩。当然,刘存惠先生并不是无视传统没有根基的盲目的创新,对于齐派的传统绘画,他也现场作了示范,技艺之纯熟令人赞叹。他的创新,是先"入"后"出"再"突破"的创新,是经过了多年的训练和思考之后的创新和升华,并非空中楼阁和故弄玄虚。

作为齐门的正宗传人,其间他也谈到吴冠中、齐白石和自己的老师——齐白石的弟子娄师白,他说现在很多人临齐白石,齐白石为什么以小品为主?因为他以画为生,他要卖画;很多人临黄宾虹,黄宾虹为何画出那样的作品?尤其是晚年,他眼睛不好,看不太清楚。他要说的意思还是反对临摹,今人和古人,此人和彼人在状态、情感、经历、兴趣、环境、心路历程等诸多方面不可能一模一样,临摹是没有意义的。他特别谈到老师娄师白,说娄师白自齐白石收自己为徒起,一辈子没有离开过齐白石,不仅仅是画像,画到最后,连表情、动作都跟齐白石很像了。反思这个问题,他认为这正是老师的局限,也是老师娄师白在绘画一途中没有取得更大成就的原因所在。相对之下的吴冠中,却走了一条和娄师白相反的道路,他汲取了新的东西,也从而脱颖而出。对于吴冠中的画他没有作过多评价,但对于吴冠中的道路选择他显然是欣赏和赞同的。

也是在同一天,另外一件事深深地刺激了我,使我的思想发生了急剧的变化。刘存惠先生的课间休息时,我和海军老干部大学的一位大姐闲聊,无意中她打开手机,跟我分享她的作品，看到其中一幅《吉星高照》图时，我刹那间惊呆了——我自己手机里不也有一张同样的画吗？！我一眼认出来，她临的恩师徐湛先生的画。继而我联想到，全国还有多少的临习者，包括徐湛先生遍布各地的学生手机里存有同样的画？全中国如果一个面目，那意味着什么？那一刻，我深深地受伤了。一个声音在叩问：你真的要毕生带着他人的影子吗？不！内心的回答是明确的。从那一刻起，我的思想已经全然不同。刹那间，仿佛面临了一次道路选择，我不是学院派，也不是画家，更不是专业画家，我不是为了作画而作画，更不是为了名利而作画，牵引我去画画的唯一的动因就是内心的喜欢，身无负担一身轻的我，是否完全可以选择从心所欲的道路，不为一切所缚所碍，跟随自我内在的直觉，朝着最喜悦的方向出发？内心的回答依然是明确的。

这无疑是一次思想的蜕变，包括对于刘存惠先生的理念，或许也是众说纷纭，但我听从了内心的声音。从那一天起，我的观念和画都发生了变化。我并不知道这条道路会通向何方，但我想尝试。今天的我，仿佛又回到了初学绘画的日子，回到了那个鲜活本真的我，每天都有欣喜，每天都有冲动，每天，都不一样。我纯粹地和绘画在一起。

之前在中国花鸟画研修院偶然看到郭味蕖之子郭怡孮先生的画册《大匠之门》，也曾十分惊讶，不仅仅是在翻开画册的一刹那间我就被他极富感染力的奔放绚烂的色彩吸引了，还因得知他是郭味蕖的儿子时，我发现他和郭味蕖先生的绘画之间几乎找不到一丝的联系，作为名画家的儿子，他怎么能与父亲如此干脆如此彻底地脱离干系呢？这对于讲究传承的中国画而言，是否也是一种反叛？然而，作为独立的个体，即使是父与子，是否的确很有可能是全然不同的？郭怡孮先生的选择，是否也是遵循了自己内心的声音？

在朋友圈，朋友单纯刚接着谈吴冠中的绘画，他进一步说："吴的画表面看来花里胡哨，但不深刻，原因就是其对中国传统文化只有粗鄙的认识，缺乏基本的文化功力，所以他才会对中国画频出狂语。个人认为，艺术来不得折中，艺术需要有清醒的认知，任何错误的言论和低级的认知都会误导人。人的时间和精力都很有限，如果喜欢艺术，却没有基本的学养做支撑，不加辩护、盲目地、任性地传播和制造精神垃圾都是不负责任的态度。"

刘勇良回复："谢谢单兄提醒，艺术这东西本来就是仁者见仁智者见智的事儿，大脑决定行动，个中滋味自知好了！"我同意他的观点："艺术这事儿，真的没有统一标准，也无唯一正确，很大程度上还真是一个比较主观和性情的事儿，无论从欣赏还是创作的角度，选择自己喜欢的，吸收对自己有益的就好。见仁见智。我倾向于认为各家各派互不矛盾。再'差'的，或也有长处，再'好'的，或也有不足。若能从各家各派中汲取有益的因素，也不失为一件美好的事。美好的眼睛和心灵里无丑恶。吸取好的，身心愉悦。"

在近代山水画中，吴藕汀首推黄宾虹，在他看来，"张大千、齐白石都没有完全脱去一个'匠'字",只有黄宾虹画里有"韵",即便如此,吴藕汀先生也认为黄宾虹的画有时过于求效果了。回到文章的本体,再看吴冠中,虽然我与他的讨厌文学性绘画并无同感,也不完全同意诗与画同床异梦,但他所说的"超越"和"真正的大喜欢"却是我感同身受的。"真正的大喜欢,不仅忘了疲劳,也不知道自己是青年、中年、老年,我超越了自己,超越了地球,超越了宇宙。我迷惘,惊喜,那是梦吧,不是,不是梦,正是我艺术经历的缩影。"

关于"花里胡哨"以及艺术的对与错,负与不负责任,我说:"是喜欢色,还是喜欢墨,有时也单看个人的感应。不存在哪个就对哪个就错。人违背本性去追求外在的东西才不可取。而且我觉得人人可以喜欢艺术,不存在上下高低。另外,我觉得艺术争鸣的环境和氛围才是健康并富有活力的,如果只有一种永远对,那真的就太糟糕了。"

"回到'笔墨等于零',想起袁江老师也写过一篇《笔墨等于零》的文章,那篇文我认真读了,仔细领会,就会发现有高度有深度,很超越,不仅仅是超越了'笔墨',真的很受益。当然,即便如此,还有很多我尚无法深入领会,相信其中应该还有更多内涵。艺无止境啊,与生命合而为一,路漫漫其修远。"这是我的肺腑之言,袁江先生最初喊出绘画的背后是哲学的时候,我初学绘画,还懵懵懂懂,只是隐约能感觉到他画中有种难以驾驭的浩然元气,当画了一阵,有一天我读到他的《笔墨等于零》之时,顿时有许多感触,当即跟他通了一个很长的电话。仅仅是执着于"笔墨",是绝不可能画出这样的画,写出这样的理论和感悟文章的。

刘勇良说他听过庞均老师讲过课,说真正有创造性的艺术家都是反叛的。这让我想起刘海粟,在画界曾经自称为"艺术的叛徒",其实是一种自我褒奖。如果有一种力量驱动他坚定地聆听并跟随自己内心的声音,他必定会站在他最对的地方!创新,需要继承传统,但不是因袭传统,因袭和临摹,只能一代不如一代。在这一点上存在的问题很多人都注意到了。苏雪林认为,现代人"一味以模仿古人作品为能事,模仿的画好像八股中的'赋得诗',自然要落到陈陈相因,了无新意的途径上去了。"吴藕汀主张"胸无成竹",追求自己独特的"气韵"和个人风格,呈现自己的面目;齐白石说"学我者生,像我者死";潘天寿反对模仿,主张师法自然,借古开今;陈师曾强调"不可只模仿他人,要立定脚跟,自作主张。"都非常难得。其实不光是中国画,一切艺术的创新与发展均如此,雕塑家罗丹一度在遗嘱中告诫世人,"不要模仿你的前辈。尊重传统,把传统所包含永远富有生命力的东西区别出来——对自然的爱好和真挚,这才是天才作家的两种强烈的渴望。他们都崇拜自然,从没有说过谎。所以传统把钥匙交给你们,依靠这把钥匙,你们能避开守旧的桎梏。也正是传统,告诫你们要不断地探求真实,并阻止你们盲从任何一位大师。"

关于学养、修识,单纯刚先生是对的,学无止境,但在

艺术卷：美轮，美奂

此之上的路途选择，却真的可以有很多很多种。脱离了艺术直觉和自我本性的艺术，再传统，再深厚，笔墨再讲究，也没有生命力。千人一面，正是中国画需要摒弃的。正如昨天我画完一幅画后突发的感悟：无论走了多久尝试了多少，我们最终还是会回到自己，聆听并跟随自己内心的声音，我们就会站在最对的地方。

2016 年 7 月 27 日